주식, 무엇이든 물어봐 주식시오

왕초보 개미를 위한 투자 수업

무엇이든 물어봐 주식시오

김근형 지음

주식투자 전후 **개념**부터 **차트**, **투자 상식**까지
네이버 경제 인플루언서 **방구석 청년**의 **주식 이야기!**

원앤원북스

지은이의 말

주식투자 꽃길을 걸을 수 있기를

매달 받는 월급 명세서를 보면 쥐꼬리만 한 월급에 한숨만 푹푹 나옵니다. 게다가 IMF외환위기, 글로벌금융위기, 코로나19 사태 때 수십 년간 몸 바쳤던 직장에서 하루아침에 쫓겨나는 직장인들을 보면 나도 언제 저렇게 쫓겨날지도 모른다는 불안감도 생깁니다. 100세 시대에 월급만 믿고 평생을 살아갈 수는 없으니 금리 높은 상품에 저축해 목돈을 마련해보려고도 했지만 저금리 기조가 지속되고 있는 요즘, 큰돈을 은행에 쏟아부어도 만기 때 받는 이자는 너무 적어 어이가 없을 정도입니다. 물가 상승률을 고려하면 실질적인 수익은 '0'에 수렴한다는 걸 잘 알기 때문에 근심은 더욱 깊어만 갑니다. 거기에 나 빼고 모두가 주식투자로 돈을 버는 것 같은데 왠지 나만 시대에 뒤처지고 있다는 느낌도 받죠. 이때부터 투자의 필요성을 느끼기 시작합니다.

그래서 다른 사람들처럼 주식투자를 결심합니다. 나도 이제 주식으로 돈을 벌 수 있다는 생각에 계좌를 개설하고 나름 고심하여 처음 주식을 삽니다. 그런데 이상하게도 내가 산 종목은 계속해서 하락하기만 합니다. 친구는 어제 얼마를 벌었고 오늘은 얼마를 벌었다는 이야기를 계속하는데 말이죠. 친구가 얄밉지만 나도 그 친구처럼 주식으로 대박이 날 수 있다고 믿으며 다른 주식을 매수해보지만 신은 왜 이리 야속한지 이번에도 내가 산 주식은 떨어집니다. 남들은 모두 주식으로 돈을 벌었다는데 왜 내가 사는 주식은 하나같이 죄다 떨어지는지 도무지 이해가 되지 않죠. 수익을 목표로 시작한 주식이지만 이쯤되니 수익은 둘째 치고 원금만 회복하자라는 일념으로 매일 같이 차트를 들여다봅니다. 도대체 무엇이 문제인 걸까요?

이런 초보투자자들의 가장 큰 문제는 투자가 아닌 투기를 하고 있다는 점입니다. 부동산과 마찬가지로 주식도 하나의 자산이지만 이를 자산이라고 생각하지 않습니다. 그저 대박을 터뜨릴 수단으로만 생각해 하루하루 수익에 연연합니다. 그 누구도 이런 것을 투자라고 부르지 않습니다. 이런 행위가 반복된다면 투기라고도 할 수 없고, 차라리 도박을 하고 있다는 것이 적절한 표현일 겁니다.

모두가 알다시피 주가는 기업의 재무 상태, 업계 현황, 사업 전망, 금리, 환율, 정부 정책 등 다양한 요인에 의해 결정됩니다. 사람들은 전망 좋은 기업의 주식을 매수해 오랫동안 보유하고 있으면 돈을 벌 수 있다는 것을 머리로는 알고 있지만, 막상 주식을 사면 하루 종일 휴대폰만 봅니다.

시장에 처음 뛰어든 초보투자자들이 가장 많이 하는 실수가 몇 가지 정보만을 듣고 무조건 오른다는 확신으로 투자에 임하는 겁니다. 주식을 포함한 모든 투자 행위에 '무조건'이란 단어는 적용될 수 없습니다. 투자를 하면 돈을 잃을 수도 있다는 사실을 인지하고 이에 대한 대비책도 마련해야 합니다. 감정을 내세운 투기는 멀리하고 분석을 통한 투자를 가까이해야 합니다. 옆자리 친구의 수익에 동요하지 말고 광고가 난무하는 주식투자 성공담도 멀리해야 합니다. 앉은 자리에서 쉽게 돈을 벌고 싶다면 그에 상응하는 노력이 뒷받침되어야 한다는 사실을 알아야 하죠.

흔히들 주식시장을 '자본시장의 꽃'이라고 합니다. 국가의 경제 상황을 가장 잘 나타내면서도 투자자들의 욕망을 한곳에 집약해놓은 것이 주식시장이기 때문이죠. 필자도 아직 꽃에 도달했다고 단언할 수는 없으나 적어도 이 책이 여러분들에게는 꽃까지 도달할 수 있는 사다리가 되길 희망합니다.

김근형

주식투자 무엇이든 물어보세요

본격적인 투자 전 이것도 알자

진짜 투자를 시작해봅시다

주가를 예측하는 차트를 확인하세요

CHAPTER 5

기업의 본질은 재무제표에 있소

알아두면 유용한 투자 상식

CHAPTER 1

주식투자
무엇이든
물어보세요

주식이란 무엇일까?

사람들에게 "주식이란 무엇인가요?"라고 묻는다면 대부분의 사람들은 투자 수단 중 하나라고 답할 겁니다. 이처럼 사람들에게 주식이란 싸게 사서 비싸게 팔았을 때 발생하는 시세차익이나 기업이 돈을 많이 벌어 주주들에게 나누어주는 배당금 등 투자의 수단으로 인식되지만 사실 주식의 원래 뜻은 전혀 다릅니다.

본디 주식이란 주식회사의 자본을 구성하는 단위이자 기업에 대한 소유권을 주장할 수 있는 증서라고 할 수 있습니다. 투자자들로부터 자본을 조달받은 회사가 "당신은 우리 회사에 이만큼의 돈을 투자해주셨습니다"라며 주는 서류를 증서 또는 주식이라 부르는 것이죠.

기업에 대한 권리

주식의 개념에 대해 쉽게 알아봅시다. 반도체를 생산하는 DY전자를 설립하기 위해 5억 원의 자본금이 필요하다고 생각해봅시다. 회사를 설립하고 반도체를 만들어 팔면 막대한 돈을 벌 수 있을 것 같지만 수중에 있는 돈이 3억 원뿐이라 함께 회사를 설립할 투자자들을 모으기 시작합니다. 때마침 A라는 투자자가 2억 원을 투자하겠다고 합니다. A는 2억 원을 투자함과 동시에 이에 상응하는 DY전자 지분을 가지게 되는데, 여기서 2억 원의 가치에 해당하는 소유권이자 이를 증명할 수 있는 것이 주식입니다.

회사가 가진 5억 원의 자금으로 500만 개의 주식을 발행한다면 1주가 가지는 가치는 100원이 됩니다. 이 중 2억 원은 A로부터 받은 자금이기 때문에 A는 200만 주를 취득함과 동시에 회사에 대한 지분 40%를 소유하게 되는 것이죠. 이때 5억 원은 기업의 자본금, 100원은 액면가, 500만 개의 주식은 총 발행 주식 수량이라고 부릅니다.

5억 원 자본금의 DY전자 주식		
자본금	액면가	총 발행 주식 수량
5억 원	100원	500만 주
※ 자본금 = 액면가 × 총 발행 주식 수량		

A는 지분을 취득한 순간부터 DY전자의 주주가 되어 회사에 대한 여러 권리를 부여받게 됩니다. 회사가 창출한 이익을 나누어 가질 권리, 기업이 사업을 중지하고 청산할 경우 남은 자산을 분배받을 권리, 주식을 추가로 발행할 때 우선적으로 부여받을 수 있는 권리, 소유한 지분만큼 주주총회에서 의견을 주장할 수 있는 의결권 등을 받게 되죠. A는 DY전자의 주주총회에서 소유한 40%의 지분만큼 자신의 의견을 주장함으로써 기업의 경영에 직접 참여할 수도 있습니다.

만약 회사가 물건을 열심히 팔아 실적이 좋아지면 주식의 가치는 상승할 수도 있고, 반대로 경영이 악화되면 하락할 수도 있습니다. 주식의 가치가 상승했을 때 우리가 소유한 주식을 타인에게 판다면 막대한 시세차익을 얻을 수 있는 반면 주식의 가치가 하락한다면 하락한 만큼 손실을 볼 수도 있죠. 이 때문에 주식을 매수할 때는 단순히 시세차익에 목적을 두기보다 기업의 경영에 직접적으로 참여한다 생각하고 하나부터 열까지 꼼꼼히 따져 신중하게 접근하는 것이 좋습니다.

주식과 채권은 어떤 점이 다를까?

증권이 무엇이냐고 물어본다면 대부분은 '주식'이라 답할 겁니다. 얼추 맞는 이야기처럼 들리겠지만 사실 주식은 증권의 일부일 뿐, 증권 그 자체를 말하는 것은 아닙니다. 증권은 주식 증서, 채권 등을 모두 포함한 단어이기 때문이죠. 우리가 주식투자에 대해 이야기할 때 채권이란 단어도 항상 빠지지 않고 등장하는데, 도대체 채권이란 무엇일까요?

우리는 돈이 필요하면 은행을 방문해 대출을 받거나 지인으로부터 돈을 빌리곤 합니다. 은행에서 대출을 받으면 대출 계약서를 쓰고 지인에게 돈을 빌리면 차용증을 쓰죠. 이와 마찬가지로 기업도 돈이 필요한 경우 돈을 빌려야 합니다. 이익을 창출하고 있다 하더라도 꾸준한 투자와 지속적인 경영활동을 위해서는 막대한 자본이 필요하니 자본을 조달받을 방법에 대해 끝없이 고민해야 하죠. 기업이 자본을 조달받는 방법에는 여러 가지가 있는데, 그중 대표적인 방법이 주식 발행을 통해 투자자들로부터 자본금을 조달받는 것과 채권을 발행해 돈을 빌려오는 것입니다. 주식과 채권의 가장 명확한 차이는 '돈을 갚아야 하느냐, 갚지 않아도 되느냐'입니다.

주식과 채권의 차이

기업이 주식을 발행해 투자자들에게 자본금을 조달받으면 투자자들은 투자한 자금에 비례한 지분을 소유하게 되고 이를 통해 회사의 경영에 직접적으로 참여할 수 있습니다. 기업은 투자자에게 받은 자금을 대가로 회사의 지분을 넘겨준 셈이죠. 따라서 기업은 투자자들에게 돈을 되돌려 줄 의무가 없습니다. 돈을 빌린 것이 아닌 투자를 받은 개념이니까요.

채권은 일종의 차용증입니다. 자본 조달이 필요한 기업에게 돈을 빌려주는 대신 언제까지 얼마만큼의 이자를 붙여 갚아야 한다는 내용이 명시되어 있죠. 즉 채권은 돈을 빌려준 개념이기 때문에 원금을 돌려받는 것은 물론 이자수익도 챙길 수 있습니다. 물론 이 원금을 항상 온전히 돌려받을 수 있는 것은 아니며, 주식과 마찬가지로 채권도 그

가치가 오를 수도 있고 내릴 수도 있습니다.

채권은 채권을 발행한 기관에 따라 다른 이름을 가집니다. 국가에서 발행한 채권은 국채, 일반적인 회사가 발행한 채권은 회사채, 은행 같은 금융 기관이 발행한 채권은 은행채라 부릅니다.

예를 들어 햄버거 가게를 운영하고 있는 친구가 장사가 잘 안되어 1년 뒤에 갚겠다는 조건으로 5억 원을 빌려달라고 합니다. 친구의 이야기를 들어보니 돈 떼일 일은 없을 것 같아 햄버거 가게 명의의 채권을 발행하는 조건으로 1년 뒤 만기일 때 이자 5%를 받기로 약속하고 5억 원을 빌려줍니다. 여기서 햄버거 가게는 국가나 은행의 개념이 아닌 회사의 개념이기 때문에 발행한 채권은 '회사채'가 되죠.

그런데 막상 돈을 빌려주고 나니 친구의 가게가 예상과 다르게 매출이 회복될 기미가 안 보입니다. 만약 우리의 5억 원이 빌려준 돈이 아니라 투자의 개념이었다면 나의 투자가치, 즉 주식의 가치는 하락할 테지만 우리의 5억 원은 빌려준 개념이기 때문에 햄버거 가게의 장사가 잘되지 않아도 1년 뒤에 5%의 이자와 함께 5억 원의 원금을 돌려받을 수 있습니다.

이처럼 채권은 어느 정도 확정된 이익을 목표로 돈을 빌려주는 것입니다. 주식처럼 거래도 할 수 있고 가격이 오르락내리락하기도 합니다. 채권의 만기일이 코앞으로 다가온 경우에는 조금만 기다리면 받을 이자수익에 대한 기대감이 있으니 이자를 포기하는 대신 채권 자체에 웃돈을 얹어 파는 사람이 있을 수도 있겠죠.

또한 채권의 가치는 채권을 발행한 기관의 경영 상태나 신용 등급의 변화에 따라 변동이 있을 수 있습니다.

따라서 채권투자도 주식투자처럼 원금 손실에 대한 위험이 존재하지만 채권에 명시된 이자 정보와 만기일에 따라 기대수익을 미리 예상해볼 수 있다는 점, 경영이 악화되어도 빌려준 원금을 돌려받을 수 있는 확률이 높아 상대적으로 주식투자에 비해 안전성이 높다는 점을 고려할 때, 주식투자가 두려운 분들은 채권투자를 생각해보는 것도 하나의 방법입니다.

투자 위험성을 가늠할 수 있는 액면가

액면가는 주식이나 채권에 명시된 금액을 말합니다. 즉 주식을 봤을 때 표준이 되는 가격을 액면가라고 부릅니다. 기업의 입장에서 본다면 "우리 회사 주식의 액면가는 5천 원이니 5천 원 밑으로는 주식을 팔지 않겠소!"라는 의미를 가지고 있는 거죠. 물론 상장 이후에도 액면가보다 낮게 거래되는 주식도 있습니다. 하지만 보통 액면가보다 낮게 거래되고 있다는 것은 기업의 펀더멘털*에 문제가 있다는 의미이니 투자에 각별히 주의해야 합니다.

현재 국내 주식시장에서 채택되는 표준 액면가는 5천 원입니다. 이외에도 100원, 200원, 500원, 1천 원, 2,500원이 있는데 회사가 액면가를 결정하고 주식시장에 상장했다 하더라도 액면병합, 액면분할 등을 통해 액면가를 변경할 수 있습니다.

액면가를 높이는 액면병합

액면병합이란 주식의 액면가를 올리기 위해 주식을 병합하는 것을 말합니다. 조금 더 쉽게 설명해볼까요? 여기에 1개당 100원에 귤을 파는 과일장수가 있다고 가정해봅시다. 사람들은 "무슨 귤을 낱개로 팝니까? 이거 싸구려 아니에요?"라며 귤을 사려고 하지 않습니다. 과일장수가 100개를 묶어 박스 단위로 1만 원에 팔기 시작하자 사람들은 그제야 의심 없이 사기 시작합니다.

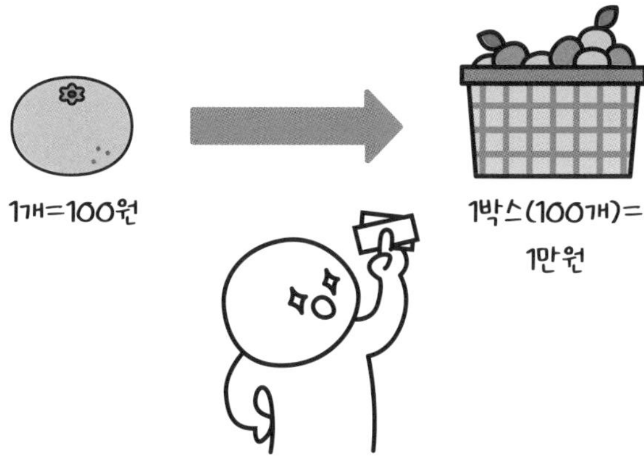

* 펀더멘털: 경제학에서는 국가의 경세 상태를 나타내나 주식시장에서는 기업의 재무 상태, 성장성 등을 나타낸다.

액면병합도 마찬가지입니다. 액면가 100원에 1억 주를 발행한 기업이 주식 5개를 합치면 회사 주식의 액면가는 500원이 되고 총 발행 주식 수량은 2천만 주가 되죠.

기업이 액면병합을 하는 이유는 다양하지만 대부분은 과도하게 낮은 주가가 기업의 본질적인 이미지를 망치는 것을 방지하기 위해 이런 선택을 합니다. 국내 증시에서 액면병합을 최초로 실시했던 기업은 '유일반도체'입니다. 2000년 8월, 유일반도체의 주가는 약 400원에 불과했기 때문에 투자자들 사이에서 싸구려 주식이 아니냐는 소문까지 돌았고 기업의 이미지가 훼손되자 사측은 100원이던 액면가를 500원으로 병합했죠.

이처럼 액면병합은 기업의 이미지가 훼손되는 것을 막기 위해 실시하는 경우가 많습니다. 요즘에는 액면병합의 사례를 보기 어렵지만 만약 특정 기업이 액면병합을 시도한다는 소식을 접한다면 기업의 주가를 들여다보며 병합의 이유를 찾아보는 것도 투자에 도움이 될 겁니다.

액면가를 낮추는 액면분할

액면분할이란 주식의 액면가를 낮추기 위해 주식을 분할하는 것을 말합니다. 이해를 돕기 위해 우리에게 친숙한 바나나로 예를 들어봅시다. 여기에 20개가 달려 있는 바나나 한 송이가 있습니다. 바나나 한 송이의 가격을 10만 원으로 책정하자 사람들은 너무 비싸다며 바나나를 사지 않습니다. 바나나 장수가 바나나를 1개씩 떼어 낱개 단위로 5천 원에 팔았더니 사람들은 그제서야 바나나를 사기 시작합니다.

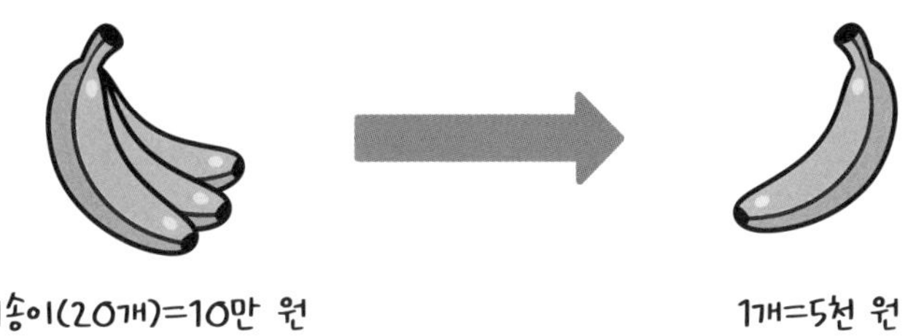

액면분할도 마찬가지입니다. 액면가 5천 원에 1억 주를 발행한 기업이 주식 하나를 50개로 분할한다면 주식의 액면가는 100원이 되며 총 발행 주식 수량은 50억 주가 됩니다.

기업이 액면분할을 하는 이유는 다양합니다. 가령 액면가 5천 원인 주식 1주당 가격이 300만 원을 호가한다면 너무 비싼 주가가 부담으로 다가와 선뜻 투자하기가 쉽지 않을 겁니다. 우리 같은 개인투자자들에게 300만 원은 큰돈이니까요. 기업 입장에서도 회사 주식을 사려는 투자자들이 없다는 것은 좋은 일이 아니겠죠? 이때 액면가 5천 원인 주식을 100원으로 분할한다면 1주당 300만 원을 호가하던 주가는 6만 원이 될 테니, 이전보다 저렴해진 주가가 투자자들의 매수 심리를 자극할 수 있습니다.

액면분할의 대표적인 예는 '삼성전자'입니다. 과거 삼성전자는 1주당 250만 원이 넘는 높은 주가로 인해 투자자들이 매수를 망설이자 50대 1의 비율로 주식을 분할한 적이 있습니다.

주식을 합치는 액면병합과 주식을 나누는 액면분할은 반대의 성향을 가지지만 하나의 공통점이 있습니다. 액면병합과 액면분할 모두 총 발행 주식 수량만 바뀔 뿐 기업의 자본금은 변하지 않는다는 점이죠. 기업의 자본금이 늘어나고 줄어드는 것은 증자와 감자를 통해서만 이루어집니다.

액면병합과 액면분할이 끼치는 영향

투자자 입장에서 '액면병합과 액면분할에는 어떤 손득이 있을까?'라는 궁금증이 생길 수 있습니다. 원칙적으로는 어떠한 손실이나 이득도 발생하지 않습니다. 주식을 합치거나 나눈다고 한들 기업의 가치에는 변함이 없으니까요. 여러 개로 나뉜 찰흙을 하나로 합칠 수도 있고 더욱 잘게 쪼갤 수도 있지만 결국 내가 가진 찰흙의 무게는 똑같은 것처럼 말이죠.

다만 기업의 가치에는 변함이 없음에도 불구하고 액면분할로 주가가 낮아지면 투자자들의 매수 심리를 자극할 수는 있습니다. 혹은 심각하게 낮은 주가로 인해 기업의 본질적인 이미지가 훼손될 경우 액면병합을 하면 주가가 상승한 것처럼 보여 안정적인 이미지를 만들어주기도 하죠. 정리하자면 액면병합과 액면분할은 기업의 실질적인 가치에는 아무런 영향을 주지 않습니다. 중요한 것은 주식 수량의 변동 이후 시장의 상황이나 기업의 성장성이죠.

자본금을 늘리고 줄이는 증자와 감자

증자와 감자를 처음 듣는다면 '증자는 무엇인지 모르겠지만 감자는 먹는 거 아닌가?'라고 생각할 수 있습니다. 액면병합과 액면분할이 자본금의 변동 없이 단순히 주식의 수량만 늘리고 줄이는 것이었다면, 증자는 새로운 주식인 신주를 발행해 자본을 증가시키는 방법을, 감자는 기존에 있던 주식인 구주를 소각해 자본을 감소시키는 것을 말합니다. 증자와 감자는 유상으로 하느냐 무상으로 하느냐에 따라 차이가 있습니다. 이제부터 함께 알아보도록 하죠.

유상증자와 무상증자

앞서도 말했지만 기업은 신규 사업에 투자하거나 부채를 갚는 등 다양한 요인으로 인해 자본을 조달받아야 하는 일이 생깁니다. 기업이 자본을 조달받는 방법에는 크게 대출, 채권 발행, 증자로 인한 신주 발행 등이 있습니다.

대출을 받거나 채권을 발행하면 원금과 이자를 상환해야 하기 때문에 빚을 갚아야 한다는 부담이 있습니다. 하지만 증자의 경우에는 주식을 발행하기만 하면 될 뿐 채무 부담이 없어 많은 기업들이 자본을 조달할 때 흔히 사용하는 방법입니다. 증자는 투자자들에게 투자금을 받아 자본을 조달하는 유상증자와 기업의 내부에서 돈을 끌어오는 무상증자로 나눌 수 있습니다.

유상증자

유상증자는 새로 발행하는 신주를 투자자들에게 돈을 받고 나누어 주는 것을 말합니다. 주주들의 투자금은 기업의 자본으로 흡수되고 기업은 자본금을 다양한 목적으로 활용할 수 있죠. 유상증자의 종류로는 크게 주주 배정 방식, 일반공모 방식, 제3자 배정 방식이 있는데 중요한 점은 회사의 내부가 아닌 외부에서 자금을 조달받는다는 점입니다. 즉 기업이 보유한 돈이 부족해 외부의 투자자들에게 "저희 회사가 돈이 부족하니 돈 좀 주세요"라고 말하는 거죠. 이 때문에 기업이 유상증자를 한다고 하면 대부분의 투자자들은 이를 악재로 받아들입니다.

하지만 유상증자는 경우에 따라 호재가 될 수도 있고 악재가 될 수도 있습니다. 예를 들어 암 관련 신약 연구를 진행하는 DY제약이 있다고 가정해봅시다. DY제약은 신약 개발을 성공적으로 마치고 고액의 신규 수주 계약까지 체결했습니다. 그러나 생산 라인을 증설할 돈이 없어 유상증자를 결정했고 단기간에 많은 투자자에게 투자를 받습니다. 이때의 유상증자는 주가에 호재로 작용할 수 있을 겁니다. 회사의 입장에서 본다면 "여러분, 저희 회사가 신약 개발을 성공적으로 마쳤습니다. 이제 생산 라인 증설을 위해 투자만 받으면 우리 회사는 엄청난 성장을 할 겁니다!"라는 말이죠. 하지만 회사의 경영이 어려워져 부채를 상환할 돈이 없다는 이유로 유상증자를 한다면 투자자들은 빚을 갚기 위해 증자를 통해 자금을 조달받으려 한다고 생각해 주가에는 악재로 작용할 확률이 높습니다.

이처럼 유상증자가 호재인지 악재인지 판단하려면 근본적으로 기업이 자본을 필요로 하는 이유에 초점을 두고 접근해야 합니다.

무상증자

무상증자는 증자를 통해 새로 발행한 주식을 주주들에게 무상으로 지급하는 방식을 말합니다. 이해하기 어려우신가요? 기업은 기본적으로 이익을 추구하는 집단인데 왜 무상으로 주식을 주는 걸까요?

무상증자를 이해하기 위해서는 기업의 회계상 자산 구조를 이해해야 합니다. 외부로부터 자본을 조달받는 유상증자와 달리 무상증자는 기업의 내부에서 자본을 끌어오는 증자 방식입니다. 기업의 자산은 크게 자기자본*과 타인자본†으로 나뉘고, 자기자본은 자본금과 잉여금으로 나눌 수 있습니다. 기업의 자본금을 초과한 금액은 회계상 잉여금으로 빠지고 잉여금은 또다시 이익잉여금, 자산 재평가 적립금, 주식 초과 발행금으로 나뉩니다. 이 중 이익잉여금을 자본금으로 옮기는 것이 무상증자입니다.

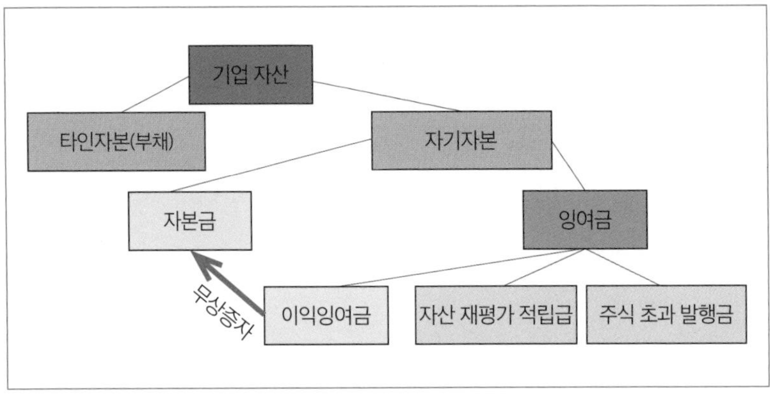

쉽게 말해 자기자본에 속해있던 잉여금을 자본금으로 끌어온 것으로, 오른쪽 주머니에 있던 돈을 왼쪽으로 옮겼다고 생각하시면 됩니다. 결과적으로 기업이 보유하고 있는 돈의 크기는 변하지 않죠. 오른쪽 주머니에 있던 500원을 왼쪽 주머니에 넣는다고 해서 500원의 가치

* 자기자본: 기업이 소유하고 있는 순자산(내 돈)

† 타인자본: 타인으로부터 차입한 자본으로, 대출과 채권 등의 부채를 말한다(빌린 돈).

가 변하지 않는 것처럼 기업의 내부(이익잉여금)에서 내부(자본금)로 옮겼을 뿐이기에 기업의 자기자본 총액은 변하지 않습니다. 회계장부상 숫자의 위치가 바뀔 뿐이죠. 하지만 여전히 이해하기 어렵습니다. 어차피 가진 돈의 크기에 차이가 없다면 귀찮게 왜 이런 일을 하는 걸까요?

무상증자를 하는 이유는 통상적으로 주가 관리를 위해서입니다. 회사가 열심히 영업을 해 축적해놓은 잉여금으로 신주를 발행해 주주들에게 나누어준다면 주주들이 가진 주식의 본질적인 가치에는 변함이 없지만 기업의 입장에서는 "우리 회사가 영업을 잘해서 이익잉여금이 많이 생겼는데 그간 도움을 주신 주주님들에게 감사의 의미를 담아 주식을 공짜로 드리겠습니다!"라며 생색을 낼 수 있는 것이죠. 이때 투자자들은 재무 구조가 탄탄한 해당 기업에게 관심을 가지게 되며, 증자로 인해 신주가 발행되면 유통주식수가 늘어 유동성까지 확대됩니다. 따라서 투자자들은 무상증자를 주로 호재로 받아들입니다.

유상감자와 무상감자

'감자'란 자본금을 감소시키는 것을 말합니다. 기업들은 부채를 갚을 때 잉여금에서 부채를 상환하는데, 잉여금이 부족해 부채를 갚지 못하거나 자본잠식*이 우려되어 보유하고 있는 자본금을 잉여금으로 끌어와 부채를 상환하는 일이 종종 있습니다. 이외에도 여러 이유로 자본을 감소시키지만 중요한 점은 '감자를 진행할 때 감소한 자본금만큼 주주들에게 보상을 지급하는가'입니다. 왜냐고요? 기업이 소유한 자본은 어찌 되었든 주주들이 투자한 돈이니 금전적 보상에 관한 문제는 항상 민감할 수밖에 없으니까요. 좀 더 자세히 알아봅시다.

유상감자

유상감자는 자본금을 줄일 때 감소한 만큼의 자본금을 주주들에게 돌려주는 것을 말합니다. 유상증자가 투자자들로부터 돈을 받아 자본금을 늘렸다면 유상감자는 자본금을 줄여 주주들에게 돌려줍니다. 유상감자는 기업의 자본금이 지나치게 많을 경우 자본금 규모를 적정 수준으로 줄이기 위해 사용하는 방식으로, 현재 국내 증시에서 찾아보기 힘들 만큼 아주 드물게 시행되고 있습니다.

---

* 자본잠식: 기업의 잉여금이 결손금의 형태가 되면서 자본 총액이 납입 자본금보다 낮아진 상태를 말한다.

무상감자

무상감자는 자본금을 줄일 때 감소한 만큼의 자본금을 주주에게 보상하지 않고 진행하는 것을 말합니다. 이해하기 어렵다면 무상증자의 반대 개념으로 생각하면 됩니다. 무상증자가 잉여금을 자본금으로 옮겨 회계상 자본을 늘렸다면 무상감자는 자본금을 잉여금으로 옮겨 자본을 줄이는 방법으로 결국 기업의 자본 총액은 변하지 않습니다. 우리가 왼손에 있던 500원을 오른손으로 옮겼다고 해서 500원의 가치가 바뀌지 않는 것처럼 말이죠.

하지만 무상감자는 지속적인 적자로 기업의 잉여금이 부족해 부채를 갚을 돈을 마련하기 위해 시행하는 경우가 대부분이라 무상감자 공시가 뜨면 투자자들은 기업의 재무에 이상이 있다고 판단해 악재로 받아들입니다.

기업 분석의 기초, 시가총액

"삼성전자 시가총액 하루 만에 10조 원 상승" "애플 전 세계 시가총액 1위 달성" 등 우리는 다양한 뉴스에서 시가총액이란 단어를 접할 수 있습니다. 초보투자자가 보기에도 시가총액은 무엇인가 중요한 단어 같은데, 그 의미가 잘 와닿지 않을 때가 많습니다. 도대체 이 시가총액은 무슨 의미일까요?

주식가치를 나타내는 시가총액

시가총액이란 기업의 덩치이자 기업의 주식가치를 보여주는 지표라고 할 수 있습니다. 증시에 상장된 모든 기업들은 저마다의 덩치를 가지고 있고 발행한 주식 수량과 주가를 곱해 기업의 가치를 알 수 있는데 이것을 시가총액이라고 부르죠. 예를 들어 A기업의 총 발행 주식 수량이 2억 주이며 현재 주가가 4천 원일 경우 시가총액은 8천억 원으로 A기업의 덩치는 8천억 원이 됩니다.

시가총액 구하는 방법		
주가	총 발행 주식 수량	시가총액
4천 원	2억 주	8억 원
※ 시가총액 = 주가 × 총 발행 주식 수량		

주식투자를 하지 않는 사람에게 삼성전자 주가가 8만 원인데 LG생활건강 주가는 150만 원이 넘는다고 말한다면 "LG생활건강이 삼성전자보다 더 큰 기업이었어?"라고 물어볼 수 있습니다. 하지만 삼성전자의 발행 주식 수량이 대략 600만 주고 LG생활건강의 발행 주식 수량은 1만 5천 주에 불과합니다. 이를 계산해보면 삼성전자 시가총액은 약 500조 원, LG생활건강의 시가총액은 약 24조 원인 것을 알 수 있습니다.

시가총액을 알면 같은 업종의 기업들을 서로 비교해볼 수 있어 주식 투자에 중요한 지표로 활용할 수 있습니다. 단적인 예로 시가총액 1천억 원의 태양광 에너지 회사 DY에너지와 시가총액 200억 원의 동일 업종 회사 GH에너지가 있다고 생각해봅시다. 두 회사는 비슷한 실적을 발표했지만 DY에너지의 시가총액은 GH에너지에 비해 5배나 높게 평가되었죠. 이는 곧 GH에너지가 저평가된 상황 또는 DY에너지가 고평가된 상황이라고 할 수 있습니다.

DY에너지	
시가총액	1천억 원
영업이익	7억 원

GH에너지	
시가총액	200억 원
영업이익	7억 원

시가총액을 모르는 투자자들은 두 기업의 비슷한 실적을 보고 어디에 투자해야 할지 갈피를 못 잡을 테지만 시가총액의 개념에 대해 이해하고 있는 투자자들은 GH에너지를 매수하기 위해 줄을 서겠죠. 물

론 주식의 가치란 기업의 실적뿐만 아니라 재무 상태, 사업의 성장성 등의 요인을 통해 매기는 것이고, 시가총액은 이런 주식의 가치와 규모를 평가하는 데 기준이 되는 것이라고 생각하면 됩니다.

시가총액은 기업의 주식가치를 파악하는 것뿐만 아니라 다양한 방식으로 활용할 수 있습니다. 코스피시장에 상장된 모든 기업들의 시가총액을 합하면 코스피시장 전체의 가치를 알 수 있고, 코스닥에 상장된 기업들의 시가총액을 합하면 코스닥시장 전체의 가치를 알 수 있죠. 또한 코스피와 코스닥 상장 기업들의 시가총액을 모두 합하면 대한민국 증시의 규모를 알 수 있으며 이를 토대로 각 나라끼리 비교하는 등 다양하게 활용할 수 있습니다. 따라서 시가총액은 기업 분석의 기초이자 빼놓을 수 없는 중요한 지표이니 투자자라면 꼭 알아두어야 합니다.

13월의 월급, 주식배당금

은행에 예적금이자가 있다면 주식에는 배당금이 있습니다. 본디 은행이자는 상품 구조 특성상 기업의 배당금과는 비교 대상이 될 수 없지만 많은 투자자들이 "에이, 은행에 적금 넣어 이자를 받을 바에야 차라리 주식 사서 배당금을 챙기지~"라는 말을 하다 보니 예적금이자와 주식의 배당금은 항상 비교되고는 합니다.

배당금(Dividends)이란 기업이 일정 기간 영업활동을 통해 벌어들인 이익금의 일부를 주주들에게 나누어주는 것을 말합니다. 즉 기업이 영업을 잘해서 벌어들인 수익은 이익잉여금으로 빠지고, 이 이익잉여금의 일부를 주주들에게 배분하는 거죠. 기업은 이익잉여금의 범위 안에서만 배당을 할 수 있기 때문에 보유하고 있는 이익잉여금이 적거나 마이너스(결손금)가 된다면 주주들에게 배당을 지급하지 않을 수도 있습니다. 쉽게 말해 기업의 경영 상황이 좋지 않다면 배당을 주지 않을 수도 있다는 말이죠.

배당의 종류는 크게 현금배당과 주식배당으로 나눌 수 있습니다.

이익잉여금을 지급하는 현금배당

현금배당은 말 그대로 배당을 현금으로 지급하는 것을 말합니다. 기업이 배당금을 지급하겠다고 발표하면 주당 얼마의 배당금을 지급할지도 함께 발표합니다.

만약 특정 회사에 많은 이익이 발생해 주당 500원의 배당금을 지급하겠다고 발표했다면 1주를 가진 투자자는 500원의 배당금을 지급받고, 10주를 가진 사람은 5천 원, 100주를 가진 사람은 5만 원의 배당금을 지급받게 됩니다. 이처럼 보유한 주식수에 비례해 받을 수 있는 배당금이 커집니다.

또한 주가가 1만 원인 A기업이 주당 300원의 배당금을 지급한다고 했을 때 배당률은 3%가 되고 주가가 2만 원인 B기업이 주당 500원의 배당금을 지급한다고 발표했다면 B기업의 배당률은 2.5%가 되죠. 주당 배당금만 본다면 B기업이 배당금을 더 주는 것처럼 보여도 배당률은 A기업이 더욱 높기 때문에 배당에 대한 이점은 A기업이 높다고 할 수 있습니다. 따라서 배당금에 목적을 둔 투자자라면 기업의 배당률을 비교해봐야 합니다.

배당금과 배당률		
구분	A	B
주가	1만 원	2만 원
배당금	300원	500원
배당률	3%	2.5%

주식투자를 할 때 시세차익보다 배당금에 목적을 둔다면 기업이 안정적인 수익을 꾸준히 창출할 수 있는지, 매년 배당을 지급했는지, 배당률은 얼마나 되는지, 상환해야 하는 부채의 규모는 적은지 등을 함께 체크하면 좋습니다. 매년 현금배당을 지급하는 대표적인 기업으로는 삼성전자, SK텔레콤, KB금융 등이 있습니다.

주식을 추가로 받는 주식배당

주식배당은 말 그대로 배당을 돈의 형태가 아닌 주식의 형태로 지급하는 것을 말합니다. 가령 20주당 1주를 지급하겠다고 발표하면 20주를 보유하고 있는 투자자는 배당으로 1주를 지급받고 40주를 가지고 있는 투자자라면 2주, 100주를 가지고 있는 투자자는 5주를 받게 되

죠. 셈이 빠른 투자자라면 '20주당 1주를 받는다고 한다면 30주를 보유하고 있는 투자자는 1.5주를 받게 되는 걸까?'라는 의문이 생깁니다. 이럴 때는 1주를 배당으로 지급받고 소수점 주식인 단수주* 0.5주는 현금으로 지급받게 됩니다.

주식배당은 이익잉여금을 주주에게 환원하는 현금배당과 달리 주식을 추가로 발행해 주주들에게 지급하기에 어찌 보면 조삼모사인 배당 형태입니다. 예를 들어 주식을 100만 주 발행한 DY제약이 100주당 2주의 주식을 배당으로 지급하겠다고 발표했다면 여기서 배당률은 2%, 총 발행 주식 수량인 100만 주의 2%에 해당하는 2만 주를 신주로 발행해서 지급하게 됩니다. 결국 총 발행 주식 수량은 100만 주에서 102만 주가 되죠. 하지만 신주를 발행했다고 해서 기업의 가치가 상승하는 것은 아니기에 배당이 지급되어 새로 발행한 신주가 증시에 상장한다면 주식의 가치가 희석되어 주가는 떨어질 수밖에 없습니다.

예전에는 주식으로 배당을 지급한다고 해서 싫어하는 투자자들은 찾아보기 힘들었지만 요즘에는 주식배당보다는 현금배당을 선호하는 경향이 강합니다. 배당을 주식으로 지급하는 대표적인 업종은 제약, 바이오가 있습니다.

---

* 단수주: 실제로는 존재하지 않으나 계산상으로만 존재하는 1주 미만의 주식

배당금은 주식계좌로 들어올까? 

주식투자를 통해 배당을 처음 받는 투자자라면 시중 은행 입출금 통장을 이용해 배당을 받는 건지, 아니면 주식계좌로 배당금이 들어오는지 궁금할 것입니다. 결론부터 말하자면 기업의 배당은 주식계좌를 통해 자동으로 들어옵니다. 가령 1만 원의 가격을 가진 주식이 300원 배당을 한다고 했을 때 10주를 가지고 있으면 주식계좌로 3천 원이 들어옵니다.

주식계좌를 여러 개 가지고 있다면 각 계좌마다 보유한 주식 종목과 수량에 따라 배당금이 지급됩니다. 하나의 계좌에 A주식 10주가 있다면 이 계좌에는 A주식 10주에 대한 배당이 지급되고 다른 계좌에 B주식 5주가 있다면 이 계좌에는 B주식 5주에 대한 배당이 지급되죠.

간혹 배당을 지급받을 권리가 생겼지만 주식계좌를 해지한 경우가 있는데, 이럴 때는 이용한 증권사의 고객센터에 전화해 '배당금 대체 입금 의뢰'를 신청하시면 손쉽게 해결할 수 있습니다.

배당기준일과 배당락, 주식 결제일을 이해하자

배당기준일이란 기업이 배당을 지급할 때 배당을 받을 수 있는 주주들을 결정하는 날을 말합니다. 기업이 3월에 배당금 지급 공시를 발표하고, 4월에 배당금을 지급한다고 생각해봅시다. 이때 3월에는 주식을 가지고 있었지만 4월에 주식을 매도했던 투자자에게 배당금을 줄지, 3월에는 주식이 없었지만 4월에 주식을 매수해 보유하고 있던 투자자에게 배당금을 줄지 등의 문제가 발생할 수 있습니다. 그래서 배당기준일을 정해 배당기준일에 주주명부에 이름이 등재된 주주들에게만 배당을 지급합니다.

즉 기업의 배당을 받으려면 배당기준일에 주식을 보유하고 있으면 됩니다. '얼마의 기간 동안 보유하고 있어야 한다, 몇 주 이상을 가지고 있어야 한다' 등 다른 조건 없이 배당기준일 하루만 보유하고 있으면 배당을 지급받을 수 있죠. 대부분의 기업들은 연말을 배당기준일로 두고 있지만 여기에는 함정이 있습니다.

주식 결제일을 이해하자

기업마다 조금씩 다르지만 대부분의 기업은 당해의 증시 마지막 영업일을 배당기준일로 두고 있습니다. 2021년 12월 31일은 증시의 폐장일이기 때문에 대부분 기업들의 2021년 배당기준일은 12월 30일이 됩니다. 하지만 배당을 받기 위해서는 12월 30일이 아니라 12월 28일에 주식을 보유하고 있어야 합니다. 왜 그럴까요? 주식은 기본적으로 D+2영업일을 결제일로 두고 있기 때문입니다.

조금 더 쉽게 설명해보면 12월 28일에 주식을 매수했을 때 해당 기업의 주주명부에 투자자의 이름이 등재되는 것은 2영업일이 지난 12월 30일이라는 뜻입니다. 회사는 배당기준일에 주주명부에 등록된 주주들에게만 배당을 지급하기 때문에 배당금을 받기 위해서는 2영업일 이전에 미리 매수해야 합니다.

그렇다면 12월 28일에 주식을 매수해 12월 29일에 주식을 매도한 투자자는 배당을 받을 수 있을까요? 없을까요? 정답은 '받을 수 있다' 입니다. 12월 29일에 매도했다고 하더라도 12월 30일에는 주주명부에 투자자의 이름이 등재되어 있어 배당을 받을 수 있습니다. 이렇듯 하루만 주식을 가지고 있어도 배당금을 받을 수 있지만 아쉽게도 기업의 배당에는 배당락이라는 게 존재합니다.

황금알을 낳는 거위인 배당락

'배당락'은 배당을 받을 수 있는 권리가 소멸됨에 따라 주가가 하락하는 것을 말합니다. 이해를 돕기 위해 매년 연말이면 황금알을 낳는 거위가 있다고 생각해봅시다. 이 거위의 가치는 황금알을 낳기 전과 낳은 후가 다를 겁니다. 이미 황금알을 낳은 거위는 1년을 다시 기다려야 알을 낳을 수 있지만 황금알을 낳기 직전인 거위는 며칠 뒤면 알을 낳을 테니까요. 이처럼 황금알을 낳은 거위의 가치는 일시적으로 떨어질 수밖에 없는데 주식투자에서 말하는 배당락도 이와 같은 개념이라고 보면 됩니다.

배당기준일 직전의 주식에는 곧 배당을 받을 수 있을 거란 기대감이 포함되어 있지만 배당기준일 직후의 주식은 배당을 받을 수 있는 권리가 사라졌으니 주식의 가치도 자연스레 하락합니다. 황금알을 낳은 거위의 가치가 떨어지는 것처럼 말이죠.

배당락은 배당을 받을 수 있는 마지막 매수일 다음 거래일에 발생합니다. 만약 12월 30일이 배당기준일이라고 한다면 2거래일 전인 12월 28일이 배당에 대한 지급 권리가 생기는 마지막 날이 되고, 배당락이 발생하는 날은 12월 29일이 됩니다. 따라서 배당금을 목적으로 하는 투자자라면 배당락이 발생하는 날을 염두에 두고 접근하는 것이 좋습니다.

보통주와 우선주는 어떤 차이가 있을까?

주식차트에서 '삼성전자'라는 이름 뒤에 '우'가 붙어 '삼성전자우'로 거래되는 종목을 볼 수 있습니다.

삼성전자 005930 코스피	삼성전자우 005935 코스피
91,000	81,000
전일대비 ▲2,200 +2.48%	전일대비 ▲3,200 +4.11%

출처: 네이버 증권

이제 막 주식을 시작한 초보투자자는 삼성전자우와 삼성전자가 무슨 차이인지 모를 거예요. 기업의 이름 뒤에 '우'라고 붙은 종목은 해당 기업의 우선주라고 생각하면 됩니다. 삼성전자는 보통주의 성향을 가지고 있고 삼성전자우는 우선주의 성향을 가집니다. 하지만 보통주와 우선주의 차이를 모르는 투자자라면 당최 무슨 소리인지 이해하기 어려울 테니 지금부터 함께 알아보도록 합시다.

보통주와 우선주의 차이는?

주식은 단순하게 이익 창출만을 목적으로 투자하는 것이 아닙니다. 주식투자를 통해 투자자는 보유한 지분만큼 주주총회에서 의결권을 행사할 수 있죠. 이때 의결권을 행사할 수 있는 주식이 바로 보통주입니다. 보통주를 가지고 있다면 내가 가진 지분만큼 권리를 행사하며 기업의 경영에 직접적으로 참여할 수 있습니다. 물론 대부분의 투자자들은 본업이 따로 있는 직장인이어서 주주총회에 참석하지 못합니다. 최근에는 소액주주들의 권리 보호를 위해 전자투표를 시행하고 있는 기업들도 있으니 전자투표를 통해 의결권을 행사해보는 것도 좋은 경험이 될 겁니다.

반면 우선주는 의결권을 행사할 수 있는 보통주와는 달리 주식을 아무리 많이 가지고 있어도 주주총회에서 권리를 행사할 수 없습니다. 의결권을 행사할 수 없다면 보통주를 사는 게 더 나을 것 같은데 우선주는 왜 있으며, 왜 우선주를 사는지 의문이 생깁니다. 우선주는 의결권이 없는 대신 배당금을 지급받을 때 우선적으로 지급받을 수 있고 같은 돈을 투자하더라도 보통주보다 더 많은 배당금을 받을 수 있습니다. 우선주가 보통주보다 배당 성향이 높다는 뜻이죠. 또한 기업이 영업활동을 중단해 남은 자산을 주주들에게 분배할 경우 우선주를 보유하고 있는 투자자들은 보상금을 먼저 지급받을 권리도 가지고 있습니다. 이외에도 보통주에 비해 발행 주식 수량이 현저히 적다는 점도 우선주의 특징입니다.

보통주와 우선주의 차이		
구분	보통주	우선주
의결권	있음	없음
배당금	기본배당	기본배당+@
발행 주식 수량	많음	적음

보통주와 우선주 중 뭐가 더 좋을까?

주식투자를 고려할 때 보통주와 우선주 중 어느 것이 더 좋다고 단정하기는 어렵습니다. 자신이 가진 지분을 활용해 경영에 직접 참여하고 싶은 투자자라면 보통주를 매수해야 하고, 경영보다 배당을 더 많이 받고 싶은 투자자라면 우선주에 투자해야 할 테니까요. 투자자의 입장에서 본다면 보통주와 우선주는 개개인의 투자 성향에 대한 차이일 뿐입니다. 우선주는 배당도 많이 주고 회사가 망하더라도 자산 분배에 대한 권리를 우선적으로 부여받기 때문에 보통주보다 안정적일 것이라고 생각할 수 있지만 꼭 그렇지만도 않습니다.

우선주는 보통주에 비해 발행된 주식의 수량이 매우 적습니다. 이는 곧 시장에 유통되고 있는 주식이 적어 유동성이 낮다는 의미로 해석할 수 있죠. 예를 들어 특정 기업의 보통주 발행 수량이 1만 주일 때 투자자가 30주를 매수했다면 주가 상승에 큰 영향을 주지 못합니다. 투자자가 매수한 수량은 발행 주식 수량의 0.3%밖에 되지 않으니까요. 하지만 상대적으로 발행 주식 수량이 적은 우선주의 발행 수량이 100주라고 할 때 30주를 사려는 투자자가 있다면 급격한 매수세가 유입되어 주가는 급등할 수도 있습니다. 발행 주식 수량의 30%나 되는 양을 사려는 것이니 말이죠.

주식을 매도하는 경우에도 마찬가지입니다. 1만 주를 발행한 보통주에 30주를 매도하려는 투자자는 주가 하락에 큰 영향을 주지 못할 테지만, 100주를 발행한 우선주에 30주를 매도하려는 투자자가 나타난다면 주가는 급락할 수도 있습니다.

이를 종합하면 우선주는 보통주보다 배당을 많이 받을 수 있지만 발행 주식 수량이 적은 탓에 기업의 이슈나 투자자들의 매매 심리에 변화가 생긴다면 주가의 변동폭이 확대된다는 리스크가 있습니다. 따라서 보통주와 우선주 중 어떤 주식이 더 좋은 것이라고 단정 짓기는 어렵습니다.

코스피와 코스닥은 무엇일까?

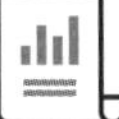

코스피와 코스닥을 이해하기 위해서는 주식거래시장에 대해 이해해야 합니다. 기업들은 대부분 거래소에 상장하기 위해 많은 노력을 합니다. 회사가 거래소에 상장하면 엄청난 규모의 자본을 쉽게 조달할 수 있기 때문이죠. 상장할 때 투자자들에게 받은 자금은 신규 사업에 투자할 수도 있고 부채를 갚거나 기존 사업을 확장하는 데 쓸 수도 있습니다. 하지만 거래소에는 상장 기업들의 주식을 사고팔기 위해 모인 투자자들이 있기 때문에 아무 회사나 상장시켜줄 수는 없는 노릇입니다. 비리 기업이나 재무 상태가 부실한 기업을 거래소에 상장시켜주면 투자자들의 자금 보호가 제대로 이루어지지 않을 테니까요. 그래서 한국거래소는 기업의 자본 규모, 재무 상태 등을 기준으로 거래시장을 구분했는데 이것이 바로 우리가 알고 있는 코스피와 코스닥입니다.

국내 주식거래시장 코스피와 코스닥

코스피(KOSPI: Korea Composite Stock Price Index)는 대한민국의 유가증권시장이자 한국의 종합주가지수라고도 부릅니다. 과거에는 한국종합주가지수라는 이름으로 불렸지만 2005년부터 코스피라는 명칭으로 바뀌었습니다. 코스피는 한국의 종합주가지수라는 이름에 걸맞게 한국 증권시장에서 가장 큰 규모의 시장이자 우리나라 경제 상황이 가장 잘 반영되어 있는 하나의 경제지표입니다. 우리나라를 대표하는 시장답게 삼성전자, SK하이닉스, 현대차 등 우리에게 친숙하고 우량한 대기업들이 주로 상장되어 있어 국내 다른 시장보다 안정적인 재무 상태를 유지하고 있다는 특징이 있습니다.

코스닥(KOSDAQ: Korea Securities Dealers Automated Quotation)은 미국의 나스닥*을 벤치마킹해 만든 거래시장이자 한국의 장외주식시장입니다. 1990년대 우리나라에 벤처 붐이 일면서 수많은 기업들이 우후

* 나스닥(NASDAQ): 미국의 장외주식시장

죽순 생겨났고, 벤처기업들이 급격한 성장을 이루어 한국은 경제 선진국 반열에 올라서는 계기를 마련했죠. 하지만 이때까지만 하더라도 한국거래소에서 운영하고 있는 주식거래시장은 코스피뿐이었기에 상장 요건을 충족하지 못한 중소기업들이 도태되는 안타까운 일이 많았습니다. 뛰어난 기술력을 가지고 있음에도 자금 조달에 어려움을 겪는 중소기업들이 많아지자 이러한 문제를 해결하기 위해 만든 것이 오늘날의 코스닥인 거죠. 그래서 코스닥시장은 기술력이 뛰어남에도 기업의 규모가 상대적으로 작은 기업들이 주를 이루고 있습니다.

코스피와 코스닥 상장 요건		
구분	코스피	코스닥
자기자본 규모	300억 원	30억 원 이상이거나 시가총액이 90억 원 이상 ※ 벤처 기업의 경우 자기자본 15억 원 이상
영업활동 기간	3년 이상	
매출액	최근 매출액 1천억 원 이상 3년 평균 매출액 700억 원 이상	30억 원 이상

코스피와 코스닥의 차이는 무엇일까?

코스피와 코스닥의 가장 큰 차이는 기업의 자본 규모와 경영 실적으로 구분할 수 있습니다. 코스피의 까다로운 요건을 충족하지 못하는 기업들은 상대적으로 문턱이 낮은 코스닥시장 입성을 목표로 합니다.

코스닥에 상장한 기업이라도 기업이 성장함에 따라 코스피 상장 요건을 충족한다면 코스피로 편입할 수 있습니다. 코스닥에 상장한 후 코스피로 편입된 대표적인 기업으로 카카오와 셀트리온이 있습니다.

코스피와 코스닥을 실제 투자에 대입해보죠. 코스피시장에는 매출 규모가 크고 안정적인 재무 상태를 유지하는 기업이 많기 때문에 주가의 변동성이 적어 목표하는 기대수익이 다소 낮을 수 있습니다. 하지만 재무 상태가 탄탄하다는 점은 거래 정지, 상장폐지 등의 리스크가 적다는 의미로, 안정적인 투자를 선호하는 투자자들에게 적합합니다. 코스닥시장은 상대적으로 재무가 불안정해 주가 급락 등의 리스크가 존재하나 기술력이 뛰어난 중소기업, 벤처기업들이 주를 이루고 있어 미래전망에 대한 기대감에 높은 수익을 기대할 수 있습니다. 시장의 형태만 보고 코스피와 코스닥을 극단적으로 표현하자면 코스피는 '로우 리스크 로우 리턴', 코스닥은 '하이 리스크, 하이 리턴'입니다.

국내에서 운영되고 있는 거래시장은 코스피와 코스닥 외에도 몇 가지가 더 있습니다. 코스닥 상장 요건을 충족하지는 못했지만 우수한 기술력을 가지고 있는 초기 중소·벤처기업들을 위해 생긴 장외주식시장인 '코넥스'와 스타트업 기업이지만 크라우드펀딩*으로 주식을 발행한 기업들의 주식을 거래할 수 있게 만들어진 'KSM'이 있습니다.

---

* 크라우드펀딩: 불특정 다수로부터 자금을 모으는 행위로 주식 크라우드펀딩은 투자금에 비례한 지분을 투자자에게 주어야 한다.

코스피지수가 만들어지는 과정

"오늘의 코스피지수는 3천 포인트를 돌파했습니다." "종합주가지수가 -2% 하락했습니다." 주식에 투자하건 하지 않건 일상생활 속에서 코스피지수(종합주가지수)의 등락에 대한 다양한 소식을 접하게 됩니다. 코스피지수는 기업들이 얼마만큼 성장했는지, 현재의 증권시장 가치가 과거에 비해 얼마만큼 변화했는지 등 대한민국의 전반적인 경제 상황을 보여주는 기준이 되는 지표입니다. 그렇기에 코스피지수가 산출되는 과정과 코스피지수가 지니는 의미를 알아두면 좋습니다.

코스피지수를 산출을 위한 기준시점

코스피지수의 산출 방식에 대해 이해하기 위해서는 산출의 기준이 되는 시점을 알아야 합니다. 코스피지수의 기준시점은 1980년 1월 4일로, 이때 상장된 기업들의 시가총액을 합해 기준을 '100'으로 정했습니다.

코스피 = (비교시점/기준시점) × 100
※ 기준시점: 1980.01.04.
※ 기준: 100

이러한 산출 방식은 기준시점에 비해 증권시장의 규모가 얼마큼 변화했는지, 대한민국의 경제 상황이 1980년과 비교했을 때 얼마큼 성장했는지를 수치화해서 보여줍니다.

단적인 예로 1989년 3월 31일 코스피지수는 건설업과 금융업의 급성장으로 종가 기준 최초로 1천 포인트를 돌파했었습니다. 이것을 1980년과 비교하면 불과 9년 만에 경제가 10배나 성장했다는 의미가 됩니다. 2007년 7월에 코스피지수는 최초로 2천 포인트를 돌파했는데, 이는 1980년에 비해 한국 경제가 20배나 성장했음을 보여줍니다. 또한 1천 포인트 돌파 후 18년이 지나 달성한 성과였기 때문에 1980~1990년대에 비해 경제 성장률이 다소 둔화된 것으로도 해석할 수 있습니다.

코스닥지수의 기준도 코스피지수와 같을까? 

코스닥지수도 같은 코스피지수와 동일한 산출 방식으로 지수를 측정합니다. 하지만 코스닥지수의 기준시점은 1996년 7월 1일이고 기준은 1천 포인트입니다. 2000년대에 접어들면서 벤처기업과 IT기업들에 대한 '묻지마 투자'가 성행하자 코스닥지수는 한때 2,900포인트까지 치솟은 적도 있었습니다. 그러나 거품이 꺼지며 2000년 12월에는 516.5포인트까지 급락했고, 2021년 12월 기준 950~1,050포인트 사이에 위치해있습니다. 그렇다면 왜 코스닥지수와 코스피지수의 기준이 이렇게 차이가 나는 것일까요?

1996년 7월 당시에는 코스닥지수도 100포인트로 시작했습니다. 그런데 1997년 한국을 포함해 동아시아 전역을 강타했던 외환위기와 2000년대 초반 전 세계에 불어 닥쳤던 IT버블 붕괴라는 초대형 금융 악재가 연이어 발생하자 2003년 3월 코스닥지수는 100포인트의 반에도 못 미칠 만큼 급락했죠. 상황이 이러하자 30~40포인트라는 낮은 주가지수가 상장 기업들의 가치를 훼손시키는 것을 막기 위해 2004년 1월 26일부로 기준을 1천 포인트로 상향했습니다.

물론 숫자의 단위만 바뀌었을 뿐 시장의 가치는 전과 동일합니다. 기준을 상향시킨 것은 코스닥지수가 지나치게 낮아 보이는 것을 방지하기 위함이었습니다. 20년이 지난 지금까지도 코스닥지수가 1천 포인트인 것을 통해 당시 외환위기와 금융 악재가 국내 증시에 준 타격이 얼마나 심각했는지를 가늠해볼 수 있습니다.

증시 상장의 필수 관문, 기업공개(IPO)

대한민국의 기업이라면 증권시장에 상장하기 위해 기업공개(IPO: Initial Public Offering) 과정을 거쳐야 합니다. 기업공개는 기업이 증권시장에 신규로 상장하기 위해 회사의 재무 상태와 영업실적 등을 공개하는 것을 말합니다. 즉 기업이 투자자들로부터 자본금을 확보하기 위해 회사의 정보를 공개적으로 알리는 거죠.

〈이태원클라쓰〉라는 드라마를 아시나요? 여기에서 주인공은 이태원에 작은 술집을 차립니다. 이 술집은 주식회사 'IC'로 성장하고 코스닥시장에 상장해 결국 요식업계 1위가 됩니다. 이때 주인공의 회사가 증권시장에 상장하기 위해 겪은 관문을 기업공개라 부릅니다.

상장을 위한 기업공개

기업에 투자한다고 가정해봅시다. 만약 투자하려는 기업의 실적과 재무 상태를 모른다면, 투자금이 제대로 보호되는지 알 수 없어 투자를 망설일 것입니다. 그래서 기업들은 투자자가 기업의 실적과 자본 규모, 부채 등을 꼼꼼히 확인하고 투자할 수 있도록 회사의 재무 상태를 대외적으로 알려야 합니다. 투자자 입장에서는 이 회사의 실적이 우수한지, 투자할 만한 가치가 있는지 등을 판단할 수 있으며, 기업 입장에서는 회사의 상태를 공개해 홍보 효과도 보고, 대규모 자본을 조달할 수 있는 선택지도 생기게 되는 것이죠.

기업공개에도 몇 가지 단점이 있습니다. 기업이 기업공개를 거쳐 주식시장에 상장하면 자유로운 주식거래가 가능하게 되어 오로지 수익만을 목적으로 하는 투기 세력에 의해 경영 위기를 맞이할 가능성이 존재합니다. 예를 들어 상장된 기업의 주식을 대량으로 매입한 투기 집단이 본인들의 지분을 앞세워 회사의 자금을 마음대로 활용한다면 회사 입장에서는 치명적인 경영 문제가 생길 것입니다. 또한 회사의 중요한 경영 성과를 대외적으로 알릴 경우 경쟁사에게 정보가 노출될 수도 있기에 그에 따른 리스크를 지니게 되죠.

하지만 기업공개는 투자자들로부터 자본을 조달할 수 있다는 점만으로도 단점보다는 장점이 크기 때문에 많은 기업들이 기업공개를 거쳐 시장에 상장하는 것을 목표로 합니다.

상장을 위한 기업공개 과정

기업이 증시에 상장하기 위한 첫 번째 절차는 '유가증권시장 상장 규정'에 따라 기업공개를 주관해줄 대표 주관회사를 선정하는 것입니다. 이 과정에서 기업공개를 위한 각종 사전 점검이 이루어지며 예비심사 전까지 상장과 관련된 다양한 이슈를 검토하고 보완합니다. 기업의 재무에 문제가 있다면 재무구조 개선을, 최대 주주의 지분이나 지배구조에 문제가 있다면 지배구조 개편을 통해 상장에 부정적인 요소를 개선해나가죠. 기업의 경영 투명성과 투자자들의 자금 보호는 밀접한 관계가 있기 때문에 반드시 거쳐야 하는 과정 중 하나입니다.

기업공개 과정

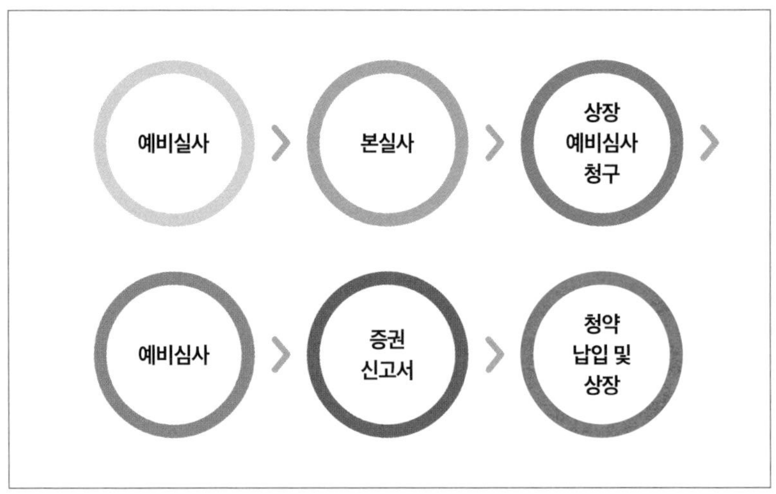

출처: 신한금융투자

기업과 주관회사의 내부 검토가 끝나고 상장 요건을 충족했다 싶으면 거래소에 상장 예비심사를 청구하게 됩니다. 쉽게 말해 회사가 상장 준비를 끝마쳤으니 심사를 해달라고 요청하는 거죠. 기업에게 심사 청구서를 받은 거래소는 기업의 규모, 지배구조, 재무 상태, 경영 투명성 등을 종합적으로 검토한 뒤 45영업일 이내에 심사 결과를 통보해야 합니다.

심사를 통과한 기업은 공모를 위해 금융위원회에 증권신고서를 제출하고 기관투자자들을 대상으로 한 수요예측 과정을 통해 공모가를 확정합니다. 이후 일반투자자 대상의 본청약까지 거치고 나면 비로소 증시에 상장하게 되죠.

주가가 하락하면 돈을 버는 공매도

일반적으로 생각하는 주식투자는 특정 주식을 매수한 후 주가가 상승했을 때 발생하는 시세차익을 목표로 합니다. 예를 들어 삼성전자가 5만 원일 때 사서 8만 원일 때 팔면 주당 3만 원의 시세차익을 얻는 것처럼 말이죠. 이러한 시세차익은 보유한 주식 수량에 비례하기 때문에 10주를 가진 사람은 30만 원, 100주를 가진 사람은 300만 원의 시세차익을 얻을 수 있습니다. 그런데 주가 상승으로 인한 시세차익과는 반대로 주가가 하락했을 때 수익이 발생하는 투자 방법도 있습니다. 바로 '공매도'를 활용하는 것입니다.

주가 하락으로 수익이 발생하는 공매도 

공(空)매도란 '없는 주식을 매도한다'라는 의미입니다. 공매도는 주가가 하락했을 때 수익이 발생하게 되는데 여기에는 어떤 원리가 숨어 있는 것일까요?

예를 들어 주당 2만 원의 가치를 가진 DY전자 주식이 있다고 생각해봅시다. DY전자 주식을 1주 가진 지인에게 주식을 빌려 2만 원에 매도했습니다. 그런데 3일이 지나자 주가가 하락해 1만 5천 원이 됩니다. 지인에게 빚진 1주를 갚기 위해 DY전자 주식 1주를 1만 5천 원에 사서 돌려주면 채무 관계는 끝납니다. 이 과정에서 DY전자 주식을 2만 원에 팔고 1만 5천 원에 매수해, 5천 원의 시세차익을 봅니다. 이처럼 가까운 미래의 주가 하락을 예상하고 이를 적절하게 활용해 수익을 얻는 투자 방법이 바로 공매도입니다.

DY전자 주가가 2만 원일 때 빌려서 팔고
1만 5천 원으로 떨어졌을 때 사서 갚으면

5천 원이 이득이잖아!

공매도는 차입 공매도와 무차입 공매도로 나눌 수 있습니다. 차입 공매도는 주식을 빌려 매도한 후 일정 기간 내에 다시 매입해 되갚는 것을 말합니다. 무차입 공매도는 주식을 빌리지 않고 매도부터 하는 방식으로, 실제로 주식을 빌리지는 않았지만 나중에 갚는다는 전제하에 매도부터 진행하는 거래 방식입니다. 무차입 공매도는 빌리지 않은 주식을 파는 행위이기 때문에 투자보다 투기에 가까워 대부분의 나라에서 금지하고 있습니다. 우리나라에서도 2008년 글로벌 금융위기 직후에 무차입 공매도를 금지했습니다.

공매도는 무조건 안 좋은 걸까?

공매도는 개인투자자들의 반대가 큰 거래 방식이지만 사실 공매도를 무조건 안 좋다고 보기는 어렵습니다. 공매도는 증시가 과열 상태일 때 이를 완화시켜주는 기능을 가지고 있으니까요.

우리가 생각하는 일반적인 투자는 싸게 사서 비싸게 파는 것이지만 반대로 주가가 오를 때 더 많이 매수해 주식의 적정 가치보다 높은 상승을 이끌어내기도 합니다. 하지만 주식시장에서 영원한 상승이란 없듯 꾸준히 오를 줄 알았던 주식들도 언젠가 하락하기 마련이죠. 더욱 큰 문제는 주가 급락이 일어나면 높은 가격에서 매수한 투자자들의 손실이 걷잡을 수 없이 불어난다는 겁니다. 이런 현상을 두고 투자 과열 상태, 주가 버블이라고 표현하는데, 공매도는 이러한 위험을 방지하는 기능을 가지고 있습니다. 하지만 대부분의 투자자들은 주가 버블의 심각성을 인지하지 못하고 공매도의 기능을 부정적으로만 보며 반대합니다.

여기서 잠깐 버블경제*의 위험성에 대해 이야기해볼까 합니다. 여러분들은 '네덜란드 튤립 버블 사건'에 대해 들어보신 적 있으신가요? 17세기경 네덜란드에서는 희귀한 색을 가진 변종 튤립이 유행했습니다. 튤립 한 송이가 집 한 채 가격 이상으로 거래되면서 부의 기준이 되기도 했죠. 그렇지만 가격이 너무 올라버린 탓인지 수요는 금세 줄었고 시세는 걷잡을 수 없을 만큼 하락했습니다. 불과 4개월 만에 97%나 급락했을 정도니까요. 네덜란드 튤립 버블 사건으로 투자자들은 엄청난 피해를 입었고 지금까지도 버블경제의 대표적인 사례로 회자되고 있습니다.

주식도 다르지 않습니다. 기업의 실제 가치보다 과도하게 높은 주가는 언젠가 급락하기 마련이며, 이 과정에서 주가의 낙폭이 얼마나 거대할지는 아무도 알 수 없습니다. -10%, -20%를 넘어 순식간에 반토막이 날 수도 있고 네덜란드 튤립 버블 사건처럼 -90% 이상 급락할 수도 있죠. 만약 이런 일이 벌어진다면 투자자들의 손실은 걷잡을 수 없이 커질 수 있습니다. 그렇기에 버블경제를 미연에 방지하는 것이

* 버블경제: 주식이나 부동산의 가격이 급등해서 많은 사람들의 투기가 유발된 경제 상태

매우 중요합니다. 공매도는 주가가 하락할 때 수익을 보는 거래 방식인 만큼 주가의 비이상적 상승을 완화시켜주는 역할을 하고 있습니다. 따라서 공매도를 마냥 부정적으로만 보기는 어렵습니다.

주식의 꽃으로 불리는 선물거래

여러분들은 주식시장에서 '선물'이란 말을 들어보신 적 있으신가요? 아마 많은 분들이 주고받는 선물(Present)을 생각하시겠죠. 하지만 주식에서 말하는 선물은 우리가 주고받는 선물과는 전혀 다른 의미를 지닙니다.

먼저 상품거래는 크게 현물과 선물로 구분할 수 있습니다. 현물은 주식을 의미하고, 선물은 현물거래에서 파생된 투자 상품으로 현물의 미래가치가 오를지 내릴지를 미리 예측해 거래하는 것을 말합니다.

서로의 요구 조건을 충족할 수 있는 선물거래 

배추 농사를 짓는 농부와 배추를 매입하는 도매업자가 있다고 생각해봅시다. 농부는 열심히 배추 농사를 지어 큰돈을 벌고 싶지만 아쉽게도 경제시장의 법칙은 녹록치 않죠. 농사가 풍년이면 배추의 공급량이 많아져 시세는 하락하고, 농사를 망치면 배추의 수확량이 줄어들어 배추의 가격은 오를 테니까요. 농사짓기도 바쁜데 매번 시세까지 확인해야 하니 농부의 스트레스는 엄청납니다. 이렇듯 배추의 수확량과 시세가 어떻게 될지 모르는 상황에서 농부는 배추 가격의 폭락을 대비하고 싶어하고, 농부에게 식자재를 구매해야 하는 도매업자는 배추 가격의 폭등을 대비해 물량을 미리 확보하고 싶어할 테죠.

그래서 농부와 도매업자는 다음 달의 배추 가격을 미리 정해놓고 거래일이 도래하면 미리 정한 가격에 거래하기로 약속합니다. 농부는 정해진 가격에 배추를 매도할 권리를, 도매업자는 정해진 가격에 배추를 매수할 권리를 갖게 되죠. 이렇게 되면 농부는 매번 배추 시세를 확인하며 마음을 졸일 필요가 없고, 도매업자는 안정적인 가격에 배추를 공급받을 수 있습니다. 즉 농부와 도매업자의 요구 조건을 모두 충족할 수 있게 된 것이죠. 이처럼 주식시장에서 말하는 선물(先物)이란 '미래에 인수도할 물건을 미리 거래한다'는 의미를 지닙니다.

선물에는 쌀, 옥수수, 밀, 금, 원유처럼 실물거래가 가능한 '상품 선물'과 코스피지수나 주식의 가격처럼 실물의 형태가 존재하지 않는 '금융 선물'이 있는데 이 둘은 모두 만기일이 존재합니다.

선물거래, 약일까? 독일까?

선물거래는 내가 가진 자금보다 큰 금액의 계약을 진행할 수 있다는 장점이 있습니다. 400만 원의 투자금만 있으면 4천만 원의 계약을 진행할 수도 있고, 거래 품목에 따라 그 이상도 가능하죠. 하지만 선물거래의 이러한 장점은 오히려 독이 되기도 합니다.

만약 400만 원의 자금을 가진 투자자가 자신의 투자금을 활용해 4천만 원의 선물 매수 계약을 체결했다고 생각해봅시다. 선물 만기일에 상품 시세가 상승해 4,400만 원이 되었다면 투자 원금과 동일한 400만 원의 시세차익을 본 것이지만, 상품의 가치가 400만 원 하락해 3,600만 원이 되었다면 상품의 가치는 10%만 하락했을 뿐임에도 투자자는 원금 400만 원을 모두 잃게 됩니다.

이렇듯 선물거래는 기대수익이 높은 만큼 위험성도 높아 이제 막 시장에 뛰어든 초보투자자가 매매하기에는 부적합합니다. 거래에 발을 들이는 순간, 원금 전액을 순식간에 잃을 수도 있으니까요. 자신도 모르던 천부적인 투자 재능을 발견해 투자하는 상품마다 엄청난 수익을 볼 수 있다는 상상만으로 선물거래에 뛰어든다면 위험성만 높아집니다. 높은 기대수익에는 그만큼 높은 위험성이 따르니 파생 상품에 대한 충분한 이해가 없다면 선물거래를 지양해야 합니다.

CHAPTER 2

본격적인 투자 전 이것도 알자

주식투자는 원금을 잃을 수도 있다

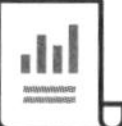

저금리 시대에 은행예금만으로는 부자가 될 수 없습니다. 1년을 꼬박 넣어도 세금을 제하고 나면 실제로 받는 이자는 원금의 1% 남짓인 데다 물가 상승률을 고려하면 오히려 돈을 까먹고 있는 것과도 같기 때문이죠. 그래서 사람들은 새로운 투자처를 찾아 주식시장이나 부동산시장 등에 뛰어들고 있습니다. 비교적 많은 투자금이 필요한 부동산시장이나 기대수익이 낮은 환율투자와 달리 주식투자는 적은 돈으로도 할 수 있으며, 높은 기대수익과 수익률을 지닌 자산이라는 장점 때문에 그 인기가 더 높아지고 있습니다.

국내 투자 자산별 누적수익률 비교

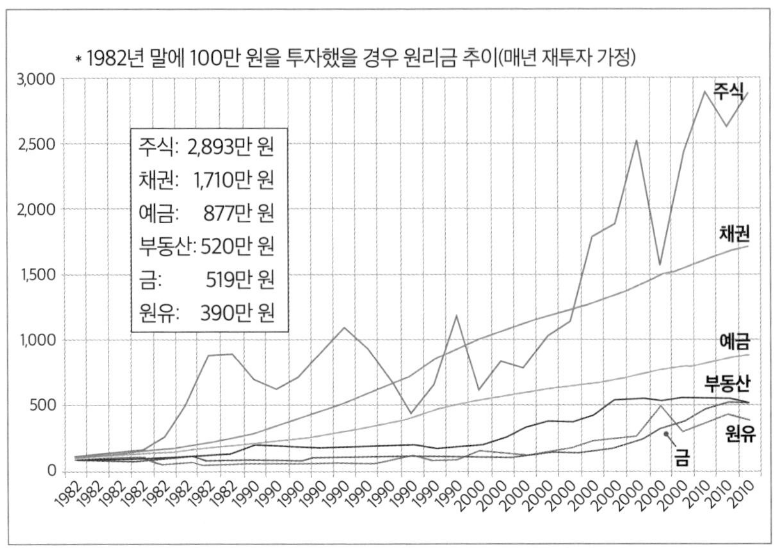

출처: 금융투자협회

오직 5%만이 살아남는다

코로나19 이후 주식투자를 하는 사람보다 하지 않는 사람을 찾는 게 더 어려울 정도로 많은 투자자가 주식시장에 유입되었습니다. 급락했던 글로벌 증시는 단 몇 개월 만에 급등하며 코스피는 3천 포인트를 넘어섰고, '동학개미운동'이라는 신조어까지 생길 정도로 주식투자의 열기는 식을 줄 모르죠. 이런 상황에서 이제 갓 시장에 뛰어든 투자자들이 간과하고 있는 것이 하나 있는데 바로 주식투자로 원금을 잃을 수도 있다는 사실입니다.

주식투자는 '하이 리스크 하이 리턴'인 위험 자산*입니다. 돈을 잃고 싶어하는 사람은 없을 테니 우리는 '리턴'이 아닌 '리스크'에 주목해야 할 필요가 있습니다. 주식시장에는 개인투자자들의 95%가 돈을 잃게 된다는 통설이 있습니다. 즉 누구나 수익을 바라며 시장에 뛰어들지만 투자로 꾸준한 수익을 창출하는 개인투자자의 수는 극히 희박하다는 뜻이죠. 우리는 이런 이야기만으로도 주식투자로 과연 큰돈을 벌 수 있을지에 대해 생각할 필요가 있습니다.

손실률 만회에 필요한 수익률은?

투자로 수익을 내는 것보다 더욱 중요한 게 무엇인지 아시나요? 바로 손실을 내지 않는 겁니다. 하지만 투자하다 보면 경우에 따라 손실이 발생할 수 있으니 이런 상황에 대비해 손실을 최소화하는 방법을 고려해야 합니다.

주식투자로 계좌의 돈이 반 토막이 난 투자자가 원금을 회복하기 위해서는 어떻게 해야 할까요? 자신이 입은 손실률만큼 수익률을 올리면 되는 걸까요? 당연히 아닙니다. 손실률의 두 배에 해당하는 수익

* 위험 자산: 투자 수익률이 불확정적인 자산으로 주식, 펀드 등을 말한다. 위험 자산의 반대말은 안전 자산이다.

률을 올려야만 원금을 겨우 회복할 수 있습니다.

그 이유는 손실과 이익은 비대칭하기 때문입니다. 가령 1천만 원의 자금을 가진 투자자가 -50%의 손실을 입어 투자금이 500만 원이 되었다고 가정해봅시다. 이후 50%의 수익률을 올렸다면 투자금 500만 원의 50%이기에 이때 투자금은 겨우 750만 원이 됩니다. 그렇기에 원금의 -50%의 손실을 입은 투자자는 100%의 수익률을 기록해야만 겨우 원금을 회복할 수 있는 것이죠.

이처럼 투자 손실을 만회하기 위해서는 더 큰 폭의 수익률이 필요합니다. -50%의 손실에는 100%의 수익률이, -60%의 손실에는 150%의 수익률이, -80%의 손실에는 400%의 수익률이 필요하죠. 손실과 이익의 괴리는 크면 클수록 격차가 벌어지기 때문에 투자자는 항상 원금을 잃을 수도 있다는 사실을 인지하고 대비책을 마련해놓아야 합니다.

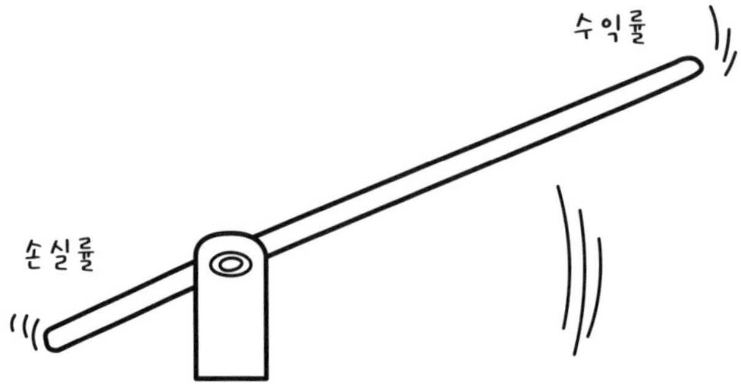

당신의 목표 수익률은 지나치게 높다

본격적인 투자를 시작하기 전 우리는 수익률에 대한 목표를 세워야 합니다. 이제 막 투자를 시작하려는 사람들에게 목표 수익률을 물어보면 "에이, 두 배는 벌어야지." "음, 그래도 50% 이상은 벌어야 하지 않을까?" "나는 큰 욕심 없어. 최소 30% 정도?" 등의 대답을 할 겁니다. 그렇다면 과연 적당한 목표 수익률이란 어느 정도일까요?

연평균 성장률 100%의 의미

투자자는 크게 개인투자자, 기관투자자, 외국인투자자로 분류할 수 있습니다. 자본금, 정보력, 전문성 등에서 개인투자자와는 비교 대상이 될 수 없을 정도인 기관과 외국인투자자들의 한 해 목표 수익률은 고작 4~7%입니다. 물론 운용자금의 규모가 워낙 크기 때문에 목표 수익률을 높게 잡을 수 없다는 이유도 있지만, 그럼에도 4~7%의 목표 수익률은 다소 낮게만 느껴집니다.

연평균 성장률(CAGR)이라는 용어가 있습니다. 몇 년간의 수익률을 평균 내어 수치화한 것을 말합니다. 만약 우리가 연평균 100%의 수익률을 목표로 하고 있다고 가정해봅시다. 1천만 원으로 주식투자를 시작했다면 1년 뒤의 투자금은 두 배가 되어 2천만 원이 되고, 2년 뒤에는 4천만 원, 3년 뒤에는 8천만 원, 4년 뒤에는 1억 6천만 원이 될 것입니다. 매년 100%의 수익률을 목표로 했으니 해마다 자산은 두 배씩 늘어 10년 뒤에는 주식 자산이 100억 원을 웃돌게 될 수도 있죠. 상상만 해도 웃음이 절로 나지 않나요?

세계 최고의 투자자인 워렌 버핏의 50년간 연평균 성장률은 약 19.1%입니다. 워렌 버핏은 투자를 시작했을 때부터 지금까지 단 한 번도 100%의 수익률을 기록해본 적이 없다고 합니다. 바꾸어 말하면 워렌 버핏은 매년 평균 19.1%의 수익률로 오늘날 세계 최고 수준의 재벌이 된 것이죠. 우리는 워렌 버핏도 달성하지 못한 연평균 성장률 100%를 목표로 잡고 헛된 미소를 지었던 겁니다.

목표 수익률이 높으면 좋을까?

꿈은 크게 가지면 좋듯이 목표 수익률도 높게 잡으면 좋지 않을까 하는 생각을 할 수 있습니다. 하지만 주식투자에서 지나치게 높은 목표 수익률은 이익 실현이나 손절* 같은 중요한 매매 시점에 판단을 흐리게 할 확률이 높고, 감정에 앞선 매매를 부추기기도 합니다. 그러니 꾸준한 수익을 얻으며 주식시장에서 오래 살아남고 싶다면 자신에게 맞는 목표 수익률을 정해야 합니다.

개인투자자의 목표 수익률은 은행의 예적금금리보다는 당연히 높아야 합니다. 저축이자보다 못한 수익을 목표로 삼는다면 차라리 적금을 드는 게 낫기 때문입니다. 또한 증시의 상승률을 상회하는 목표를 세워야 합니다. 주가지수의 흐름과 동일한 수익률을 목표로 한다면 인덱스펀드†를 매수하고 기다리기만 하면 되기 때문이죠. 하지만 그렇다고 해서 목표 수익률을 너무 높게 잡을 수도 없는 노릇입니다. 너무 낮아도, 너무 높아도 안 된다면 도대체 어느 정도의 목표 수익률이 적당한 걸까요?

결론적으로 말하자면 초보투자자에게 가장 이상적인 목표 수익률은 연평균 8~12%입니다. 운용하는 자금이 적고 투자에 제한도 없으

* 손절: 주가의 추가적인 하락이 예상되어 보유 주식을 매입 가격 이하로 파는 것을 말한다.

† 인덱스펀드: 주가지수의 변동과 동일한 투자 성과의 실현을 목표로 구성된 포트폴리오

니 기관투자자와 외국인투자자들보다 목표를 조금 더 높게 잡아도 무리가 아닙니다.

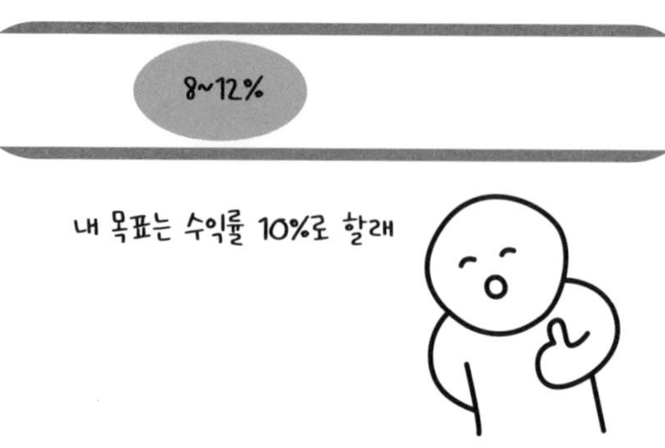

연평균 8~12% 사이에서 결정하는 것이 합리적이라고 했으나, 목표는 목표일 뿐입니다. 투자를 지속하다 보면 수익이 손실이 되는 경우도 허다하니 목표에 너무 집착하지 않아도 됩니다.

초보투자자들의 나쁜 투자 습관

최근 40년간 주식, 부동산, 채권, 금, 달러 등의 유형 자산* 중에 가장 높은 상승세를 보인 자산은 주식입니다. 하지만 그럼에도 불구하고 주위를 둘러보면 주식투자로 큰돈을 벌었다는 사람보다 돈을 잃은 사람을 더 많이 볼 수 있습니다. 자산의 형태를 거론할 때 주식의 비교 대상으로 평가받는 부동산은 돈을 번 사람밖에 없는 것 같은데 말이죠.

---

* 유형 자산: 구체적인 형태가 있는 자산으로 부동산, 금, 주식 등의 자산을 뜻한다.

이제부터 개인투자자가 도대체 왜 돈을 잃는지, 그들이 지닌 나쁜 투자 습관이 무엇인지를 알아봅시다.

불안한 심리가 매매로 이어진다

1980년도에 삼성전자 주식을 매입해서 지금까지 보유하고 있다면 수익률은 10만%를 가뿐하게 웃돌 것입니다. 하지만 1980년에 삼성전자 주식을 매입해 지금까지 보유하고 있는 개인투자자는 거의 찾기 힘듭니다. 심지어 수익이 발생하고 있는 주식을 1년 이상 보유하고 있는 사람조차 찾기 어렵죠.

개인투자자들은 보유하고 있는 주식이 수익 구간에 접어들었을 때 확정된 이익을 실현하기 위해 급하게 처분하는 경우가 많습니다. 주식을 매입할 때는 10년 이상 가져가겠다는 포부를 가지고 매입하지만, 5~10%의 수익이 발생하면 하락을 염려해 지레 겁을 먹고 매도하기도 하죠. 또 장기적으로 본다면 배당금도 꾸준히 들어오고 주식의 가치가 점진적으로 상승할 것이라고 예상하면서도, 주가가 조금이라도 하락하면 '여기서 더 떨어진다면 손실을 볼지도 몰라'라는 심리적 불안감에 주식을 처분하기도 합니다.

그런데 아이러니하게도 반대의 경우라면 이야기는 달라집니다. 주식을 매입한 뒤 주가가 지속적으로 하락한다면 원금을 회수하겠다는 일념으로 주식을 매도하지 않고 끝까지 버티는 일이 많습니다. 원치 않는 장기투자를 하게 되는 것이죠. 긴 시간을 버텨 주식의 가치가 매입 가격까지 상승한다면 다행이지만, 대부분은 제풀에 꺾여 더욱 큰 손실을 떠안은 채 주식을 매도하게 됩니다. 심할 경우에는 매입 가격은 둘째 치고 휴지 조각이 된 주식을 바라보며 지나간 과거를 원망할 수도 있습니다.

이처럼 열 번 매매했을 때 1~2%의 수익을 아홉 번 가져가도 -30%의 손실이 한 번 발생하면 투자자들은 그간의 노력이 물거품이 되는 것 같은 불안감을 느낍니다. 그래서 대부분의 개인투자자들은 수익은 짧게, 손실은 길게 가져가는 경향이 있습니다.

최근 40년간 주식의 상승세가 부동산보다 높음에도 주식으로 돈을 벌었다는 이야기를 들을 수 없는 이유는 바로 불필요한 매매 때문입니다. 부동산은 매입한 뒤 되파는 과정이 까다롭기 때문에 장기간 보유하지만, 주식은 비교적 매매가 간편해 투자자의 불안한 심리가 불필요한 매매로 이어지는 상황이 자주 발생합니다. 시시각각 변하는 호가창은 투자자에게 매매 욕구를 불러일으키지만 우리는 조금 더 차분하고 냉정하게 기다릴 필요가 있습니다.

친구 따라 강남 가는 뇌동매매

'뇌동매매'란 기업에 대한 객관적인 분석을 바탕으로 한 투자자만의 독자적인 계획 없이 분위기나 감정에 휩쓸려 남을 따라 매매하는 행위

를 말합니다. 투자자들이 급등하는 주가를 보며 섣부르게 투자하는 경우도 뇌동매매에 해당합니다.

대부분 큰 손실로 끝이 나는 뇌동매매의 진정한 위험은 매매에 따른 리스크를 온전히 본인이 책임져야 한다는 점입니다. 개인투자자들의 투자금은 대부분 여유 자금, 대출금 등에서 나오는데 감정에 휩쓸린 한 번의 매매가 감당하기 어려운 손실로 이어지는 일도 허다하죠.

그렇다면 사람들은 왜 뇌동매매를 할까요? 뇌동매매를 하게 되는 근본적인 이유는 매매에 대한 기준과 규칙이 불명확하기 때문입니다. 투자에는 저마다의 기준이 있어야 하는데 뇌동매매는 이렇다 할 계획 없이 오직 투자자의 심리적 요인에 따라서 이루어지기 때문에 큰 손실로 이어질 가능성이 높죠.

주식을 매수하기 전에는 감정에 휩쓸리기보다 주가의 합리적 판단, 시장의 환경, 기업의 재무 상태, 외부적인 요인 등을 세심하게 확인하고 본인만의 계획을 세운 후 접근해야 합니다. 누군가는 이렇게 말합니다. "달리는 말에 재빠르게 올라타는 것이 투자다"라고 말이죠. 하지만 타기 전에 말의 다리가 정상인지, 내가 떨어질 위험은 적은지 확인하고 올라타도 늦지 않습니다.

1위 기업에 투자하는 것이 무조건 좋을까?

"대장주에 투자하라." 이 말은 주식투자를 오래 한 사람들에게서 자주 들을 수 있는 투자 격언입니다. 여기서 말하는 '대장주'란 특정 산업군에서 시장의 등락을 주도하는 주식이자 상승률, 업계 점유율, 시가총액 등 종합적인 관점에서 1위로 평가받는 기업을 말합니다. 예를 들어 국내 기업들 중 반도체, 스마트폰 산업군의 대장주라고 한다면 삼성전자를, 2차 전지 대장주를 거론할 때는 LG화학을 말하는 것처럼 말이죠.

투자자는 주식을 사기 전 기업의 재무 상태는 안정적인지, 투명하게 경영하고 있는지, 사업의 전망은 밝은지 등을 파악해야 합니다. 또 주가의 흐름, 시장의 상황, 기업의 신용 상태 등을 종합적으로 고려해야 하죠. 심지어는 투자를 희망하는 회사를 직접 찾아가는 사람들도 있습니다. 회사가 잘 돌아가고 있는지, 내부적인 문제는 없는지 등을 확인하기 위해서죠. 어찌 보면 당연한 일입니다. 무턱대고 투자했다가 큰 손실을 입을 수 있으니 회사에 대한 정보를 얻어 투자를 결정하는 것이 투자자로서는 지극히 자연스러운 행위입니다. 이런 개인적인 분석이 끝난 후에는 투자하려는 산업군 내에 기업들의 순위를 알게 됩니다.

많은 투자자들이 대장주에 투자하라는 데는 한 가지 공통적인 이유가 있습니다. 바로 리스크를 최소화하기 위함이죠.

불황에도 살아남을 기업에 투자하라

주식의 가격은 항상 파동을 그리며 나아갑니다. 상승을 예측해 투자하지만 하락할 수도 있고, 갑작스런 악재로 잘나가던 기업의 주가가 하락할 수도 있습니다. 또 정부 정책 등에 따라 산업군 전체에 제재가 가해질 수도 있고, 예기치 못한 경기 불황으로 증시 전체가 급락할 수도 있죠.

잠깐 옛날이야기를 하겠습니다. 2000년대 초반에는 전 세계의 디스플레이 형태가 브라운관에서 LCD(액정표시장치)로 바뀔 것이라는 예상이 널리 퍼졌습니다. 생산 수율만 확보하면 수익성이 보장된다고 생각한 각국의 기업들은 LCD산업에 진출했습니다. 하지만 너무 많은 기업이 LCD산업에 진출해 공급 과잉 현상을 불러왔고 결국 기업들은 시장점유율 확보를 위해서라도 생산원가보다 낮은 가격에 팔 수밖에 없었죠. 기업들은 수천억 원, 수조 원이 넘는 적자를 기록했고 이 과정에서 디스플레이 강자라 불리던 일본의 샤프, 대만의 AUO와 CMI는 시장에서 도태되었습니다. 특히 샤프는 가격 경쟁으로 인한 출혈이 너무 심해 부도 직전까지 갔었습니다.

코로나19도 주식의 급락을 불러왔습니다. 코로나19가 증시에 가장 큰 영향을 미쳤던 2020년 3월에 코스피지수는 1,400포인트까지 주저앉았으며, 이때 시장에서 사라진 기업들이 굉장히 많았습니다.

코로나19 사태와 과거 LCD산업 경쟁에서 알 수 있듯이 실물 경기와 업계에 불황이 닥치면 재무 상태가 불안정하고 기술력이나 수익성이 약한 기업부터 차례대로 무너집니다. 불황이 길면 길수록 더 많은 기업들이 시장에서 퇴출될 것이고 결국 살아남는 기업은 기나긴 불황을 견뎌낼 만큼 자본이 많고 기술력과 수익성이 뛰어난 1위 기업일 가능성이 높죠.

순위가 아닌 변수를 고려하라

그렇다면 1위 기업에 투자하는 것이 무조건 좋은 걸까요? 꼭 그렇지만은 않습니다. 1위 기업은 산업 경쟁에서 살아남을 확률이 조금 더 높을 뿐이지, 무조건 1위 기업에 하는 투자가 정답이라고는 할 수 없습니다. 시장의 패러다임은 항상 변화하기에 현재의 1위 기업이 10년 뒤에도 1위를 유지한다고 확신할 수는 없으니까요.

20년 전에는 벽돌처럼 무겁고 컸던 휴대용 전화기가 기술이 발달하면서 스마트폰으로 바뀌었고, 아이폰을 만든 '애플'은 글로벌 1위 기업이 되었습니다. 또 최근 친환경 에너지가 주목을 받자 자동차시장에도 내연기관에서 전기에너지로의 변화가 일어났는데 그 결과 설립된 지 20년이 채 되지 않은 '테슬라'는 일본의 '도요타'를 꺾고 시가총액 기준 글로벌 자동차 업계 1위로 올라섰습니다.

이처럼 기술의 발전과 같은 산업의 변화는 기업 서열에 큰 영향을 미치기 때문에 현재의 1위 기업에 무작정 투자하기보다는 시장의 변화, 성장성, 기술력, 경영 투명성, 재무 상태 등 다양한 변수를 고려해 산업 경쟁력이 뛰어난 기업에 투자하는 것이 좋습니다.

성장주, 테마주, 우량주, 가치주

인터넷에서 주식 정보를 찾다 보면 '우량주에 투자하는 것이 최고의 투자다'라는 말을 자주 볼 수 있습니다. 하지만 일각에서는 테마주에 투자해 단기적인 수익을 박리다매 식으로 쌓아 올리는 방법이 좋다고 하기도 하고, 반대로 꾸준히 성장하는 주식에 투자하라고 말하기도 합니다. 또 낮은 밸류에이션*이 매력적이니 상대적으로 저평가받고 있

* 밸류에이션: 투자분석가(애널리스트)들이 기업의 재무 상태, 성장성, 업계 및 시장의 상황 등을 종합적으로 판단해 적정 주가를 산정하는 기업가치평가를 말한다.

는 가치주에 투자하라는 사람도 있습니다. 하지만 초보투자자들은 이런 말들을 들으면 어리둥절하기만 합니다. 성장주, 테마주, 우량주, 가치주란 용어들이 어렵게만 느껴지기 때문이죠. 그렇다면 주식에서 말하는 성장주, 테마주, 우량주, 가치주란 도대체 무엇을 의미할까요?

지속적인 성장이 기대되는 성장주

성장주란 말 그대로 지속적인 성장이 기대되는 주식을 말합니다. 즉 현재의 기업가치나 재무 상태는 다소 빈약할지 몰라도 사업의 전망이 뛰어나고, 매년 영업이익이 증가하고 있으며 앞으로도 성장할 것이 예상되는 주식을 뜻하죠. 성장주는 현재의 자산가치와 이익에 비해 주가가 높게 형성되어 있는 경우가 많습니다. 또 투자자들의 기대감에 부합해 기업의 실제 이익이 증가하거나 시장점유율이 상승하는 시기에는 주가도 급격히 상승하는 모습을 자주 볼 수 있습니다.

해외의 대표적인 성장주로는 과거의 페이스북, 테슬라가 있습니다. 전 세계에 소셜 미디어 열풍을 만들어낸 페이스북(현 메타)과 미래형 이동 수단인 전기차를 생산해내는 테슬라는 꾸준한 성장을 거듭하며 글로벌 대기업으로 발전했습니다.

국내의 대표적인 성장주로 카카오를 꼽을 수 있을 겁니다. 2010년대 초반 스마트폰 사용이 활성화되자 스마트폰 이용자들은 하나같이 '카카오톡'을 이용했는데, 이때 카카오의 지속적인 성장은 누구나 한 번쯤 예상해본 일이었으니까요.

성장주에 투자하기 위해서는 기업의 성장성과 미래의 산업 생태계에 중점을 두고 투자하는 것이 좋습니다. 하지만 기업의 성장 속도가 둔화되거나 예기치 못한 악재가 발생해 투자자들의 심리에 변화가 생긴다면 주가가 급락할 수도 있다는 점을 염두에 두고 접근해야 합니다.

이슈에 따라 좌우되는 테마주

주식시장에 어떤 이슈가 발생하면 투자자들은 이슈에 맞춰 수혜가 예상되는 주식을 찾는 데 혈안이 됩니다. 여기서 말하는 이슈에는 정치, 사회, 문화, 계절, 날씨 등이 포함됩니다.

만약 기상청에서 갑작스럽게 태풍이 온다고 예고했다면 투자자들은 태풍으로 인해 길거리에 가득해질 폐기물을 처리하는 기업들의 주가가 상승할 것을 예상해 폐기물 처리와 관련된 기업들을 찾습니다. 북한이 미사일을 발사했다면 방위 산업을 영위하는 기업들이 새로운 테마를 형성하겠죠. 또 대통령 선거철이 다가오면 대선 후보들의 학연, 지연, 혈연을 중심으로 정치 테마가 형성되는 상황도 자주 볼 수 있습니다.

이처럼 테마주란 특정한 이슈를 중심으로 뭉쳐진 주식의 집합을 말합니다. 테마의 상황에 따라 주가가 단기간 급격하게 변동하는 특징이 있고, 대부분의 테마주 주가는 기업의 실체보다 투자자들의 기대 심리에 따라서 등락을 거듭합니다. 이런 이유로 모멘텀*이 되었던 이슈가 사그라든다면 테마에 속한 기업들의 주가도 급락하는 경우가 많습니다. 따라서 개인투자자가 가장 멀리해야 하는 주식으로 테마주를 꼽기도 합니다.

주식시장의 블루칩인 우량주

포커 게임에서 돈 대신 쓰이는 세 종류의 칩 중에 가장 높은 가치를 지닌 '블루칩'은 주식시장에서 '우량주'를 일컫는 표현이기도 합니다. 수익성과 안전성, 성장성이 모두 뛰어난 기업을 의미하죠.

우량주를 분류하는 명확한 기준은 없습니다. 하지만 일반적으로 재무 상태가 안정적이고, 주주들에게 지속적으로 배당을 지급해왔고, 장기적으로도 꾸준히 성장한 기업을 우량주로 평가하고는 합니다. 이러한 특징 때문에 우량주를 시가총액 상위 기업으로 인식하는 경우도 많습니다.

국내의 대표적인 우량주를 꼽으라면 대부분의 사람들이 삼성전자

---

* 모멘텀: 물체가 한 방향으로 지속하려는 경향을 말한다. 주식투자에서는 주가가 상승하고 있을 때 얼마나 더 상승할 것인지, 하락하고 있을 때 얼마나 더 하락할 것인지를 나타내는 지표다.

를 떠올릴 겁니다. 삼성전자가 대한민국 1위 기업인 데다 국내 상장 기업들 중 우량주의 조건에 가장 완벽하게 부합하기 때문이죠. 삼성전자는 부채비율이 낮고 기업이 보유한 현금이 많아 재무 건전성도 뛰어나며, 매년 수십조 원의 영업이익을 기록해 주주들에게 배당을 지급해 왔습니다. 또한 미래를 위한 대규모 투자도 지속적으로 하고 있어 삼성전자를 국내 대표 우량주라 말할 수 있는 거죠.

우량주는 주가지수의 변동이나 이슈에 따라 주가가 일시적으로 하락할 수는 있지만 대체로 배당 성향이 뛰어나며 주가 변동이 적습니다. 또 장기적으로 꾸준히 상승한 기업이라는 특성이 있어 안정적인 투자를 선호하는 투자자들에게 우수한 투자처가 될 수 있습니다.

저평가된 주식인 가치주

가치주란 시장점유율은 준수하지만 성장성이 낮아, 기업의 실적이나 보유 자산에 비해 낮은 가격에 거래되고 있는 주식을 말합니다. 적정 주가가 15만 원인 기업의 실제 주가가 10만 원 정도에서 거래되고 있다면 이를 두고 가치주라고 표현하죠.

가치주는 기업의 재무 상황과 실적에 비해 주가가 낮기 때문에 상대적으로 배당률이 높고 주가의 변동성이 낮다는 특징이 있습니다. 그래서 저평가된 주식을 좋아하는 투자자들은 가치주를 선호하는 경향이 강합니다. 매수 후 시장에서 평가하는 적정 주가까지 상승했을 때 매도한다면 준수한 시세차익을 볼 수도 있습니다. 하지만 다른 주식에 비해 성장성이 낮은 경우가 많으니 가치주에 투자하기 위해서는 기업의 실질적인 가치와 낮은 주가의 차이와 함께 성장성 회복에 중점을 두고 투자해야 합니다.

분산투자로 위험을 분산시켜라

1981년 노벨 경제학상을 수상했던 제임스 토빈 교수는 "달걀을 한 바구니에 담지 마라"라고 말했습니다. 바구니 하나에 달걀을 전부 담는다면 한 번의 실수로 달걀이 모두 깨질 수 있으니 여러 개의 바구니에 나누어 담아서 위험을 분산시키라는 말입니다. 주식투자 역시 이와 다르지 않습니다.

리스크를 최소화하는 분산투자

만약 기업이 지닌 가치보다 주가가 낮게 평가받고 있고, 사업 전망이 좋은 회사를 찾았다고 하더라도 보유하고 있는 자산의 전부를 한 기업에만 투자하는 것은 굉장히 위험한 투자 방식입니다. 지속적인 성장이 기대되는 회사라 하더라도 꾸준히 상승만 하는 일은 없을뿐더러 정부 정책, 시장 환경, 투자자들의 자금 회수 등의 변수가 존재하기 때문에 생각하지 못한 큰 손실이 발생할 수도 있습니다. 따라서 아무리 전망이 좋은 기업이라 할지라도 투자금을 분산시키지 않고 하나에 종목에만 집중해서 매수하는 행위는 지양하는 것이 좋습니다.

그렇다면 '수익률이 똑같다면 자금을 많이 투자한 사람이 돈을 더 벌지 않을까?'라는 의문이 들 수도 있습니다. 맞는 말입니다. 수익률이 똑같다면 많은 돈을 투자한 사람은 돈을 더 벌고 적은 돈을 투자한 사람은 상대적으로 적게 벌겠죠. 하지만 여기에는 명백한 오류가 있습니다. 바로 투자자가 감당할 수 있는 손실의 규모를 간과하고 있다는 겁니다.

현재의 주가에서 20% 상승이 예상되는 주식이 있다고 생각해봅시다. 우리가 1천만 원의 자금을 가지고 투자한다면 200만 원의 시세차익이 발생하겠지만, 자금을 분산해 100만 원으로 해당 기업의 주식을 매입한다면 고작 20만 원의 수익이 발생할 것입니다. 대부분의 개인 투자자들이 이런 생각을 하며 수익을 극대화시키기 위해 더 큰 금액을 투자하고는 합니다.

하지만 반대로 -20%의 손실이 발생한다면 1천만 원을 투자한 경우에는 -200만 원의 손실이 발생하고, 100만 원만 투자했다면 -20만 원의 손실이 발생합니다.

투자금 대비 손익			
투자금	손익(+20%)	투자금	손익(-20%)
1천만 원	200만 원	1천만 원	-200만 원
100만 원	20만 원	100만 원	-20만 원

분산투자의 가장 큰 장점은 손실 규모의 리스크를 최소화하고 수익률의 변동성을 축소시킨다는 점입니다. 포트폴리오를 하나가 아닌 다수의 종목으로 구성한다면 일부 종목의 주가가 하락해도 종목별 투자

금이 상대적으로 적으니 계좌 전체의 손실을 줄일 수 있고, 심지어는 다른 종목들의 수익이 손실을 상쇄할 수도 있습니다.

분산투자는 어떻게 구성해야 할까? 

포트폴리오를 구성하는 종목의 수는 딱히 정해지지 않았습니다. 투자자가 감당할 수 있는 범위 내로 정하면 됩니다. 몇십 개의 종목을 분석하고 관리할 수 있다면 더할 나위 없이 좋겠지만 직장인이 대부분인 개인투자자는 종목을 관리할 시간이 부족하니 통상적으로 5~7가지의 종목으로 구성하는 게 효율적입니다.

또한 분산투자를 할 때 동일 업종의 기업에 투자하는 것은 피해야 합니다. 같은 업종을 영위하는 기업들의 주가는 비슷하게 움직이는 경향이 있어 동일 업종의 주식으로만 포트폴리오를 구성한다면 올바른 분산투자라고 할 수 없습니다. 예를 들어 정부가 금리 인상을 추진한다는 소식을 접해 수혜가 예상되는 KB금융, 기업은행, 신한지주, 하나금융지주, 우리금융지주의 금융 주식으로만 포트폴리오를 구성한다면 금융 기업의 이슈가 바뀌거나 기준금리 인상이 유예되었을 때 투자한 모든 종목들이 동시에 하락할 수도 있습니다. 따라서 분산투자를 할 때는 업종, 기업의 규모, 테마, 상품의 형태 등 다양한 관점에서 구성해야 합니다.

대출을 받으면 실제 수익이 높아지지 않을까?

고대 그리스의 천재 물리학자인 아르키메데스는 지렛대의 원리를 발견한 후 사람들에게 "나에게 엄청나게 큰 지렛대와 받침돌을 준다면 지구를 들어 보이겠습니다"라고 말했다고 합니다. 이 말은 지렛대의 원리를 이용하면 어떤 것도 쉽게 들어 올릴 수 있다는 의미죠. 언뜻 보면 주식투자와 아무 관련이 없어 보이는 이야기지만, 사실 이 지렛대(레버리지) 효과는 주식투자와 아주 밀접한 관계가 있습니다. 적은 힘으로 무거운 물건을 들어 올릴 수 있는 레버리지의 원리를 주식투자에 접목시킨다면 어떻게 될까요?

주식에서의 레버리지 효과란?

주식에서 레버리지(Leverage) 효과란 타인의 자금을 지렛대로 삼아 자기자본이익률을 높이는 것을 말합니다. 즉 내 자금에 타인의 자금을 끌어들여 주식을 매수해 더 큰 수익을 얻는 거죠.

예를 들어 1만 원을 투자해 10%의 수익률을 얻었다고 가정한다면 투자수익은 1천 원이 되지만 내가 가진 1만 원과 친구에게 빌린 3만 원을 함께 투자해 동일한 수익률이 발생하면 4천 원의 투자수익이 생깁니다. 친구에게 빌린 3만 원을 갚아도 4천 원의 수익은 그대로 남죠. 결과적으로 1만 원의 자기자본으로 투자해 10%의 수익을 얻었지만 실질적으로 얻은 수익률(자기자본이익률)은 40%가 됩니다. 이처럼 레버리지 효과는 내가 가진 투자금에 비해 더 큰 수익을 얻을 수 있다는 굉장한 장점이 있습니다.

레버리지 효과를 잘 활용하는 소수의 투자자들이 큰 부를 쌓는 것을 보고 상당수의 개인투자자들이 신용거래*, 미수거래†에 손을 대거나 은행에서 대출을 받아 투자하기도 합니다. 이들은 소수의 투자자들이 얻은 레버리지 효과를 기대하지만 애석하게도 대부분의 개인투자자

---

* 신용거래: 증권사로부터 돈을 빌려 주식을 매매하는 행위로 내가 가진 자금 이상으로 거래할 수 있다는 특징이 있다.

† 미수거래: 주식 매수 시 매입 대금의 일정 비율에 해당하는 증거금을 지불해서 주식을 외상으로 매입하는 거래 방식이다.

들에게 레버리지 효과는 좋지 않은 쪽으로 작용할 가능성이 높습니다. 투자 원금을 전액 손실한 사례를 보면 보유한 주식이 상장폐지되어 투자금 전액을 잃은 사례보다 레버리지 효과를 무리하게 이용해 파산한 경우가 훨씬 많기 때문이죠.

잘못하면 본전도 찾을 수 없다

앞에서 본 상황과 동일한 조건으로 투자했다고 가정해봅시다. 내가 가진 자금 1만 원과 친구에게 빌린 돈 3만 원을 투자해 10%의 수익을 얻었다면 4천 원의 수익이 발생합니다. 하지만 반대로 -10%의 손실이 발생했다면 투자금은 3만 6천 원이 남습니다. 친구에게 3만 원을 갚고 나면 나에게 남는 것은 6천 원뿐이니 실질적인 손실률은 -40%인 셈이죠.

레버리지 효과에 따른 자기자본이익률 (단위: 원)

자기자본	타인자본	투자금	수익률	투자 손익	자기자본 이익률
10,000	0	10,000	+10%	1,000	+10%
	30,000	40,000		4,000	+40%
	0	10,000	-10%	-1,000	-10%
	30,000	40,000		-4,000	-40%
			-30%	-12,000	-120%

레버리지 효과가 위험한 더 큰 이유는 투자 손실이 커지면 커질수록 자기자본이익률의 변동성이 확대되기 때문입니다. 코스피·코스닥 시장의 일일 표준 상·하한가 범위가 ±30%이니 같은 조건에서 -30%의 손실이 발생했다고 생각해보죠. 4만 원으로 투자해 -30%의 손실이 발생했다면 투자금은 2만 8천 원만 남습니다. 내가 투자한 금액은 모두 잃은 데다 친구에게 빌린 3만 원마저 갚지 못하는 상황이 됩니다. -30%의 손실만으로도 이러한 상황이 발생할 수 있다는 것은 바꾸어 말하면 단 하루 만에 내가 가진 투자금을 모두 잃을 수도 있다는 말입니다.

게다가 자금을 빌린 대상이 은행이나 증권사라면 이야기는 또 달라집니다. 융통한 자금의 액수가 수백만 원, 수천만 원, 수억 원까지 확대된다면 훨씬 더 심각한 문제가 되죠. 운용하는 자금이 커질수록 투자자들의 심리 변화도 커지기 때문에 온전하게 판단하지 못할 가능성이 높습니다. 따라서 이제 막 시장에 뛰어든 개인투자자라면 신용거래, 미수거래 등 레버리지 효과를 이용하는 투자 방식은 멀리하는 것이 좋습니다.

주식 리딩방, 종목 추천 사이트를 멀리하라

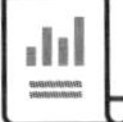

코로나19와 함께 무너진 증시를 견인하기 위해 세계의 여러 나라들은 저마다의 경기 부양책을 펼치며 글로벌 증시에 훈풍을 몰고 왔습니다. 우리나라의 유가증권시장인 코스피 역시 통화 스와프*, 금리 인하 등 다양한 정부 정책을 펼쳤고, 투자자들의 심리도 변화해 다시 상승세를 찾을 수 있었습니다.

---

* 통화 스와프: 경기 부양책의 하나로 두 국가가 일정 시점에 상환을 약속하고 약정된 환율에 따라 통화를 교환하는 것을 말한다.

주가지수가 본격적인 상승세에 접어들자 큰돈을 벌 수 있다는 기대감을 안고 많은 사람들이 주식시장에 뛰어들었지만 모두가 수익을 얻을 수는 없었습니다. 보통 이렇게 손실을 입게 되면 주식시장을 떠나거나 원금 회복을 위해 여러 노력을 합니다. 또는 주식 리딩방이나 추천 사이트로 눈을 돌리기도 하죠.

투자자를 울리는 주식 리딩방

주식계좌를 개설하고 투자하다 보면 '무료 추천주' '내일의 급등주' 등 본인들만 믿고 투자하면 큰 수익을 얻을 수 있다고 말하는 주식 리딩방의 광고를 접하게 됩니다. 전화번호와 메일 주소는 어떻게 알았는지 신기하게도 매일 문자 메시지, 메일, 전화를 통해 광고를 계속 보내죠. 주식 리딩방 광고에서는 본인들이 전문가라고 말하지만 결론부터 말하자면 주식 리딩방의 99% 이상은 사기입니다.

주식 리딩방은 초보투자자들을 유혹해 수익이 나는 것을 보여주고 가입비라는 명목으로 투자자들의 돈을 갈취하는 집단입니다. 그냥 보면 스팸과도 비슷해서 도대체 누가 여기에 속냐고 코웃음을 칠 수도 있습니다. 하지만 주식투자로 큰 손실을 얻어 원금 회복이 절실한 투자자들은 '전문가'라는 말에 속아 지푸라기라도 잡는 심정으로 가입해 사기를 당하기도 합니다.

주식 리딩방의 사기 과정

1 | 회사를 설립한다

투자자들에게 가입비를 받기 위해서는 먼저 회사를 설립해야 합니다. 현행법상 유사 투자 자문업으로 분류된 회사(주식 리딩방)의 설립 과정은 생각보다 어렵지 않습니다. 금융 관련 자격증이나 투자 대회 수상 이력 등 구체적인 설립 요건이 불명확하기 때문에 금융위원회에 신고만 하면 누구든지 설립이 가능합니다.

2 | 여러 개의 채팅방을 만든다

유료 회원비, 가입비를 받아내기 위해서는 투자자들에게 수익이 나는 것을 먼저 증명해야 하니 여러 개의 채팅방을 만듭니다. 10개 이상의 오픈 채팅방을 만들고 무료이니 안심하라며 허위·과장 광고로 채팅방마다 투자자들을 모읍니다.

3 | 채팅방마다 다른 종목을 추천한다

원초적인 개념에서의 투자수익은 매입한 가격에서 상승하는지, 하락하는지로 손익이 나뉩니다. 만약 채팅방마다 서로 다른 주식을 추천해준다면 이 중 분명 수익이 발생하는 종목이 있기 마련입니다. 기초적인 정보만 가지고 종목 선정을 해도 최소 1~2개 이상의 주식은 상승할 확률이 높기 때문에 실제로 수익이 발생하는 방이 존재하죠. 이렇게 수익이 발생한 채팅방에 있던 투자자들은 리딩방 운영자를 더욱 신뢰하게 됩니다. 수익이 나지 않는 방에서는 "검증된 VIP 방이 따로 있으니 링크를 걸어놓겠다"라는 말로 수익이 발생한 채팅방으로 투자자들을 유인합니다.

4 | VIP 비용, 유료 가입비를 요구한다

수익이 발생했던 이력을 근거로 채팅방 운영을 '유료'로 전환하겠다며 회원들에게 가입비를 요구합니다. 이 시점까지는 수익이 나는 것을 본 사람이 그 방에 존재하기 때문에 투자자들은 쉽게 현혹되어 고액의 가입비를 덜컥 내놓게 되죠.

5 | 수익률이 떨어지기 시작한다

시장의 흐름을 거슬러 꾸준하게 높은 수익을 기록하는 투자자가 있다면 그는 이미 재벌로 명성을 떨쳤어야 합니다. 계속되는 높은 수익률은 존재할 수 없기에 수익률이 점점 떨어지기 시작하면 채팅방을 폐쇄시킵니다. 이후 업체명과 상호를 바꿔서 다시 처음부터 시작합니다. 주식 리딩방 업체들은 이런 과정을 반복하며 돈을 법니다.

수익이 나지 않으면 100% 환불해준다던데…

상상해봅시다. 만약 내가 수익이 나는 종목을 찾아내는 능력을 가지고 있고 높은 수익률을 유지할 수 있다면, 이 정보를 타인과 공유하려

고 할까요? 아마 대부분의 사람들은 아니라고 답할 겁니다. 그 능력으로 투자해서 수익을 불리기에도 빠듯할 텐데 회사를 설립하고 광고하며 회원을 모아 가입비를 받는 모든 과정이 비효율적이기 때문입니다.

가입 당시 수익이 나지 않으면 100% 환불해준다는 말을 듣고 고액의 비용을 지불했더라도 실제로 전액 환불을 받기란 어렵습니다. 피해를 입고 환불을 요구하면 가입 약관에 다른 조항이 있다고 말하거나 교육비라는 명목을 내세우기도 하죠. 심한 경우에는 폐업 처리를 하기 때문에 전액을 환불받는 건 사실상 불가능에 가깝습니다.

지금도 주식 리딩방, 불법 투자 사이트로 인해 많은 투자자들이 피해를 호소하고 있습니다. 금융감독원에 따르면 2021년 8월 기준 한국소비자원에 접수된 주식 정보 서비스 관련 피해 상담 건수가 2만 1,082건에 달한다고 합니다. 피해 금액도 해를 거듭할수록 커져가고 있는 상황이죠. 주식 종목 추천 업체 모두가 사기는 아니지만 열에 아홉은 허위·과장 광고를 동반한 비도덕적인 업체임을 명심해야 합니다.

경제신문을 활용하라

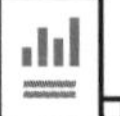

투자할 때 경제신문은 정보 수집의 관점에서 매우 중요한 역할을 합니다. 시장에는 수많은 변수가 존재해 매일같이 새로운 기사가 쏟아져 나오고 일부 기사는 주식시장에 큰 영향을 주기도 합니다. 경제신문은 주식뿐만 아니라 부동산, 정책의 영향, 재테크 등 다양한 내용을 포괄하고 있어 신문을 통해 산업의 동향, 국내외 경기 흐름을 파악할 수 있고 나아가 나에게 도움 되는 정보를 판별해 활용할 수 있습니다. 경제신문을 꾸준하게 읽는 것만으로 '정부의 정책으로 수혜를 받는 산업은 무엇일까?' '환율이 상승하고 있으니 포트폴리오를 어떻게 수정해야 할까?' 등 개인적인 해석을 할 수도 있습니다. 이처럼 경제신문은 투자와 관련된 공부를 할 때 기초적인 참고서 역할을 하기 때문에 투자자라면 항상 관심을 가지고 꾸준히 보는 것이 좋습니다.

경제신문은 어떻게 읽어야 할까?

어려운 용어들로 가득한 경제신문을 처음 펼치면 '따분하다'라는 생각이 먼저 듭니다. 한글이니 읽을 수는 있지만 도대체 이해할 수는 없는 경제신문을 왜 읽어야 하는 걸까요? 물론 경제 뉴스나 신문이 성공적인 투자에 있어 필수 요소라고는 할 수 없으나 우리가 아는 투자 대가들의 생활 습관에는 경제신문을 읽는 행동이 꼭 들어가 있습니다. 우리는 그들의 행동을 벤치마킹하며 성공적인 투자에 한 걸음 다가갈 수 있습니다. 어렵지만 꼭 읽어야 하는 경제신문을 어떻게 읽으면 좋을지 그 방법을 알아봅시다.

처음 신문을 읽을 때는 '헤드라인'을 훑어봐야 합니다. 신문 1면부터 마지막 면까지 헤드라인을 읽으면서 국내외 경제 흐름, 산업의 동향, 정부의 정책 같은 굵직한 사건들을 눈으로 훑어보는 거죠. 기사의 제목은 특정 사건의 배경 역할을 하는 본문의 요약본이라고 볼 수 있기에 기사의 제목을 읽는 것만으로도 대략적인 경제 흐름을 파악하는 데 도움이 됩니다.

헤드라인을 훑었다면 처음으로 돌아가 1면의 기사를 정독합니다. 신문의 1면은 그날의 가장 중요한 뉴스가 실리기 때문에 자세하게 읽어야 합니다. '국채금리' '선물옵션 만기일' '양적 완화' 등 모르는 용어들은 메모하면서 읽으면 더욱 좋습니다. 경제신문에서 자주 사용하는 용어들을 이렇게 조금씩 정리하다 보면 어느새 경제 용어에 대한 지식을 쌓을 수 있을 것입니다.

신문을 모두 읽고 나면 기사에 대한 내용을 토대로 자신만의 해석을 해봐야 합니다. 예를 들어 '한국은행 기준금리 0.25% 인상'이라는 기사를 읽었다면 '금리가 인상된다면 시장 경기에는 어떠한 영향을 미칠까?' '금리가 인상되었으니 자금의 유동성이 악화되지는 않을까?'처럼 이리저리 해석해보는 거죠. 이때 기사의 내용을 나의 상황에 대입해본다면 더욱 좋습니다. 나아가 관심 있는 기사를 스크랩해 그 옆에 자신의 생각을 함께 기록해두면 더할 나위 없지만, 이것이 어렵다면 매일 꾸준히 읽는 데 중점을 두어도 충분합니다. 중요한 점은 경제신문은 우리를 부의 지름길로 안내해주는 매개체임을 아는 것이니까요.

경제신문을 제대로 읽는 방법

경제신문을 읽을 때는 여러 신문사의 신문을 함께 보는 것이 좋습니다. 동일한 주제를 놓고도 다양한 의견과 해석이 존재하기 때문에 하나의 신문만 읽으면 해당 신문사의 경제적 관점, 필자의 편향된 생각이 주입될 가능성이 높습니다. 이것은 투자자의 주관적인 해석을 방해할 뿐만 아니라 투자 가치관을 형성하는 데 부정적으로 작용합니다.

또한 경제신문을 읽다 보면 신문사마다 주요 이슈에 대해서 다르게 말하는 경우를 볼 수 있습니다. 어떤 신문사는 부정적으로, 다른 신문사는 긍정적으로 보기도 하죠. 이럴 때는 부정적인 기사를 먼저 읽는 것이 좋습니다. 긍정적인 내용의 기사를 먼저 읽으면 나도 모르는 사이에 필자의 생각을 기준으로 세우고 해석하려는 경향이 생겨 부정적인 기사에서 말하는 리스크를 외면해버릴지도 모릅니다. 따라서 신문을 읽을 때는 부정적인 기사를 먼저 읽으며 의견의 근거는 무엇인지, 긍정적인 기사에서 말하는 긍정적인 이슈가 앞선 부정적 이슈를 상쇄할 만한 가치가 있는지 등을 순차적으로 판단해야 합니다.

지수를 추종하는 ETF

1980~1990년대에 삼성전자를 매입해 지금까지 가지고 있는 사람이 있다면 아마 천문학적인 돈을 벌었을 것입니다. 삼성전자 주식의 가치는 상상을 넘어서는 상승세를 보여주었죠. 삼성전자뿐만 아니라 우량주를 오래 보유한 사람들은 대부분 큰돈을 벌었습니다. 그래서 사람들은 삼성전자, SK하이닉스, LG화학 같은 우량주를 매입해 오래도록 보유하겠다는 생각을 합니다.

하지만 이런 생각은 한 면만을 보고 내린 판단입니다. 수십 년이라는 시간이 흐르는 동안 시장에서 사라지거나 지수의 상승을 따라가지 못한 기업은 이런 판단에 요소로 기억조차 되지 못합니다. 그렇기 때문에 우리는 조금 더 현명하게 투자하는 방법에 대해 고민할 필요가 있습니다.

우량주 하나에 올인해도 될까?

"우량주에 투자해서 장기간 보유하는 것이 최고의 투자다." 얼핏 보면 맞는 말 같지만 사실 반은 맞고 반은 틀린 말입니다.

1990년 코스피 시가총액 1위는 한국전력이었습니다. 1990년에 한국전력 주식을 매입한 투자자는 어떻게 되었을까요? 이때 주식을 매입한 투자자는 현재 고작 20~30%의 수익만 얻었습니다. 같은 기간 동안 코스피지수는 수배 이상 상승했음에도 말이죠. 그나마 수익이라도 얻은 것을 다행으로 여겨야 할지도 모릅니다. 1990년 시가총액 3위였던 한일은행, 10위였던 대우에 투자한 사람들이 가지고 있던 주식은 IMF외환위기 이후 모조리 휴지조각이 되었으니까 말입니다.

이때부터 사람들은 하나의 우량주가 아닌 수십, 수백 가지의 우량주를 매입하는 분산투자의 필요성을 느꼈는지도 모릅니다. 하지만 시가총액 상위 기업의 주식을 모조리 매입하자니 구성 종목 관리, 투자 비중 등의 문제가 생기죠. 그래서 우리는 조금 더 효율적으로 투자하기 위해 ETF에 대해 이해할 필요가 있습니다.

지수와 수익률이 연동된 ETF

ETF(Exchange Traded Fund, 상장지수펀드)란 코스피, 코스닥과 같은 주가지수나 원유, 금, 은과 같은 특정 자산의 시세를 추종해 수익률이 연동되도록 설계된 금융 상품입니다. 다시 말해 특정 지수가 상승한다면 ETF의 가치도 상승하고 특정 지수가 하락한다면 ETF의 가치 역시 하락하게 됩니다. 거래소에 상장되어 있는 ETF는 일반적인 주식거래와 동일하게 사고팔 수 있기 때문에 많은 투자자들에게 사랑받는 투자 상품입니다.

이해하기 쉽게 예로 살펴봅시다. 만약 코스피200지수와 연동된 ETF를 코스피200지수가 300포인트일 때 매수했다면 390포인트까지 올라섰을 때 30%의 수익률을 올린 것과 동일합니다. 또 국제유가와 연동된 ETF의 경우 원유 시세가 30달러일 때 매수한 투자자는 원유 시세가 60달러까지 상승했을 때 두 배의 수익을 얻었다고 볼 수 있죠. 이처럼 ETF는 특정 지수와 수익률이 연동되어 있기 때문에 시가총액 상위 기업이나 특정 테마에 골고루 투자하고 싶은 투자자에게 새로운 투자처가 될 수 있습니다.

현재 국내의 대표적인 ETF는 코스피200지수를 추종하는 삼성자산운용의 'KODEX 200', 미래에셋자산운용의 'TIGER 200', KB자산운용의 'KBSTAR 200' 등이 있습니다.

국내의 대표적인 ETF 브랜드	
운용사	**브랜드명**
삼성자산운용	KODEX
미래에셋자산운용	TIGER
KB자산운용	KBSTAR
한국투자신탁운용	KINDEX
한화자산운용	ARIRANG

인덱스펀드와 인버스펀드

인덱스펀드(Index Fund)는 앞서 말한 내용과 동일하게 특정 지수가 1% 오르면 펀드의 수익률도 1% 오르도록 설계된 상품입니다. 글로벌 증시는 장기간에 걸쳐 꾸준히 상승하는 특징이 있어 장기투자를 원하는 투자자들에게 최고의 투자 상품으로 거론되죠. 인덱스펀드는 국내 지수뿐만 아니라 해외의 주가지수, 원유, 금, 은, 농산물, 채권 등 광범위한 분야에서 발행되고 있는 펀드로, 변동성이 큰 주식시장에서 한국전력, 대우, 한일은행과 같은 사태가 다시 발생하는 리스크를 낮출 수 있다는 장점이 있습니다.

인버스펀드(Inverse Fund)는 인덱스펀드와 달리 특정 지수가 1% 오르면 펀드의 수익률은 -1%가 되고, 지수가 -5% 하락한다면 펀드의 수익률은 5%가 되는 상품입니다. 가까운 미래에 특정 지수가 하락할 것을 예상하는 투자자들에게 적합한 펀드죠. 이런 인버스펀드는 지수가 하락해야 수익이 생기도록 설계되어 증권시장이 과열된 경우 단기적인 투자의 대안으로 생각할 수 있습니다.

주식시장의 이정표, S&P 500

S&P 500은 세계적인 신용평가 회사인 S&P(Standard & Poor)가 집계하고 있는 주가지수로 나스닥, 다우존스지수*와 함께 투자자들에게 가장 널리 알려진 주가지표입니다. S&P 500에서 '500'이란 숫자는 뉴욕증권거래소와 나스닥에 상장된 기업 중 S&P가 집계하고 있는 500개의 기업을 뜻하는데 여기에는 구글, 애플, 마이크로소프트, 아마존, 페

* 다우존스지수: 미국의 다우존스사가 자국의 대표 종목 30개의 주가를 산술평균한 지수로 뉴욕 증시의 대표적인 주가지수 중 하나다. 흔히 다우지수라고 한다.

이스북 등 우리에게 너무나도 익숙한 글로벌 대기업들이 포함되어 있습니다.

S&P 500의 중요성

S&P 500은 단순 평균 방식인 다우지수와는 다르게 시가총액 방식을 통해 산정합니다. 따라서 S&P 500은 다우지수보다 조금 더 객관적으로 파악할 수 있으며, 시장의 흐름을 파악할 때 중요한 이정표 역할을 합니다.

지난 40년간 S&P 500 추이

출처: 구글

월가의 전설적인 투자자 피터 린치는 자신의 자서전을 통해 "S&P 500에 포함된 모든 종목을 보유한 펀드 상품은 장기적으로 연 10% 이상의 수익을 올릴 수 있다"라고 했습니다. 또 세계 최고의 투자자인 워렌 버핏은 자신의 아내에게 "내가 죽고 나면 재산의 대부분을 S&P 500을 추종하는 인덱스펀드에 투자하라"라고 했습니다.

투자의 대가들이 S&P 500을 이토록 신뢰하고, 지수를 추종하는 인덱스펀드를 강력하게 추천하는 데는 이유가 있습니다. 1980년부터의 주가지수의 추이를 살펴보면 40년간 연평균 성장률이 11.5%에 달했기 때문이죠. 다시 말하면 1980년부터 오늘날까지 S&P 500은 매년 11.5%라는 높은 상승률을 기록해 40년 전에 S&P 500 인덱스펀드에 100만 원을 투자했다면 현재는 대략 8천만 원이 되어 있을 것입니다.

S&P 500을 추종하는 펀드

S&P 500을 추종하는 대표적인 ETF 브랜드로는 SPY, VOO, IVV가 있습니다. 이들은 지수를 패시브*로 추종하기 때문에 주가의 추이가 흡사하다는 장점이 있지만 미국 주식시장에 상장되어 있어 외화 환

* 패시브: 추종 지수를 복제하는 형태의 ETF를 말한다. 반대의 의미를 가진 것은 펀드매니저의 역량이 중요한 액티브 ETF가 있다.

전에 따른 수수료가 발생한다는 단점도 가지고 있습니다. 해외투자가 꺼려진다면 국내에 상장된 ETF 상품을 통해 S&P 500에 투자할 수 있습니다.

국내 ETF S&P500 추종 펀드				
추종지수	펀드 형태	상품명	운용사	종목 코드
S&P 500	ETF	KINDEX 미국 S&P 500	한국투자신탁운용	360200
		TIGER 미국 S&P 500	미래에셋자산운용	360750
		ARIRANG 미국 S&P 500(H)	한화자산운용	269540
		KODEX 미국 S&P 500 선물(H)	삼성자산운용	219480

국내의 ETF 상품 중 S&P 500을 추종하는 펀드는 대표적으로 KINDEX 미국 S&P 500, TIGER 미국 S&P 500, ARIRANG 미국 S&P 500(H), KODEX 미국 S&P 500 선물(H)이 있습니다. 이들은 각각 한국투자신탁운용, 미래에셋자산운용, 한화자산운용, 삼성자산운용에서 운용하고 있는 ETF 상품입니다. (H) 표시는 '헤지(Hedge)'를 뜻하는 것으로, 환율 변동에 따른 시세차익과 손실이 없으나 수수료가 높다는 단점이 있습니다.

국내 자산 운용사가 운용하고 있는 ETF 상품은 국내 증시에 상장되어 있어 S&P 500에 투자하고 싶지만 환전 수수료나 해외투자로 인한 양도소득세가 부담되는 투자자에게 대안이 될 수 있습니다.

CHAPTER 3

진짜 투자를 시작해봅시다

증권사는 어디가 좋을까?

주식을 사기 위해 가장 먼저 해야 하는 일은 당연히 주식거래를 위한 주식계좌를 개설하는 것입니다. 근래 많은 증권사에서 수수료 무료, 수수료 우대 이벤트를 내세워 고객을 유치하고 있습니다. 주식거래 수수료 혜택은 구미가 당길 만한 조건이지만 초보투자자가 하는 가장 큰 실수가 바로 증권사의 각종 이벤트만을 좇아 계좌를 개설하는 겁니다.

투자 성향에 따라 선택하라

주식계좌를 개설하기 전에 국내 주식과 해외 주식 중 어디에 투자할 것인지, 투자한다면 주식, 펀드나 선물 상품 중 무엇을 거래할 것인지 고민한 후 증권사를 결정해야 합니다. 하지만 이런 고민은 모두 배제한 채 증권사 이벤트에 홀려 계좌를 만드는 초보투자자가 많습니다. 증권사를 선택하는 데 있어 중요한 항목은 이벤트가 아닌 본인의 투자 성향이라는 사실을 알아야 합니다.

과일이 저렴한 A마트와 생필품이 저렴한 B마트가 있습니다. 과일이 필요하다면 A마트에서 사는 것이 현명한 선택이겠죠. 주식계좌 개설도 이와 같습니다. 강조하지만 나의 투자 성향에 적합한 증권사를 선택해야 합니다.

코스피, 코스닥 시가총액 상위 기업들에 투자하기를 원한다면 국내 주식과 관련된 투자 정보나 리포트가 많은 증권사를 선택하는 편이 유

리합니다. 반대로 미국이나 중국 등 해외 주식투자를 희망한다면 해외 주식과 관련된 정보, 환율 우대 조건, 해외 주식 특성상 지연되는 거래 시세를 실시간으로 제공해줄 수 있는지, 프리마켓* 서비스를 제공하고 있는지를 꼼꼼히 체크해 해당되는 증권사를 선택해야 합니다. 또한 미국, 중국, 일본, 유럽 등 각 나라의 환율 우대사항이나 정보 제공에 특화된 증권사가 있으니 단순히 거래 수수료나 이벤트만을 보고 증권사를 선택하는 것이 능사는 아닙니다.

수수료가 저렴한 증권사를 찾아라

최근 국내 주식시장에는 기업공개 열풍이 한창입니다. 공모주 청약을 통해 주식투자에 입문하려는 투자자는 기업공개를 주관하는 증권사에서 계좌를 개설해야 합니다. 만일 해당 종목의 기업공개 주관사가 A증권사인데 B증권사를 통해 계좌를 개설했다면 공모주 청약을 할 수 없습니다.

수수료가 저렴한 증권사를 통해 계좌를 개설하는 것이 항상 정답

* 프리마켓: 해외 정규장 시작 전 주식을 미리 거래할 수 있는 제도로 국가 간 시차의 불균형을 완화시킬 수 있다.

이 될 수는 없지만 거래 회전율이 높은 스캘핑*, 데이트레이딩† 같은 단기매매를 희망하는 투자자라면 당연히 수수료가 저렴한 증권사를 선택하는 편이 더 좋습니다. 예를 들어 5천만 원의 투자금으로 주식을 사서 장기적으로 보유하고자 하는 투자자에게 0.1%나 0.01%의 수수료는 크게 문제 되지 않죠. 하지만 단기매매를 주로 하는 투자자들은 500만 원으로 시작했다고 해도 하루에도 몇 번씩 거래하는 탓에 연간 거래대금이 수십억 원을 훌쩍 넘길 수도 있습니다. 그러니 0.01%의 낮은 수수료라 하더라도 거래가 누적될수록 수수료에 대한 부담이 클 수밖에 없습니다.

* 스캘핑: 빠르면 몇 초 이내로 매수와 매도 주문을 넣으며 박리다매식으로 수익을 얻는 기법

† 데이트레이딩: 매수한 주식을 당일 내에 매도하여 차익을 얻는 단기매매 기법

주식계좌를 개설하는 세 가지 방법

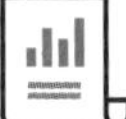

증권사를 선택했다면 이제는 계좌를 개설해야 할 차례입니다. 불과 몇 년 전만 하더라도 주식계좌를 개설하기 위해서는 증권사를 방문해야 했습니다. 하지만 최근에는 증권사와 제휴를 맺은 은행이나 증권사 앱을 통해 계좌를 개설할 수도 있습니다. 주식계좌를 개설할 때는 신분증이 필요하며, 개설 방법에 따라 이체 내역이 존재하는 타사 은행 계좌를 요구할 수도 있으니 미리 준비해야 합니다.

증권사를 방문해서 계좌 개설하기

가장 기본적인 방법은 원하는 증권사에 방문하는 것입니다. 삼성증권, 키움증권, 유진투자증권 등 전국에 40개가 넘는 증권사가 있으니 신분증을 가지고 원하는 증권사에 방문하면 됩니다. 계좌를 개설하는 방법을 모르더라고 주식계좌를 개설하고 싶다고 말하면 직원들이 친절하게 안내해주니 걱정하지 않아도 됩니다.

증권사를 방문해 계좌를 개설하면 주식을 사는 방법이나 거래 순서 등 주식매매에 관한 궁금한 점을 자유롭게 질문할 수 있고, 필요한 서류와 개설 절차도 직원들이 모두 안내해주니 편리합니다. 하지만 직접 찾아가야 하는 번거로움과 비대면 개설에 비해 수수료가 높다는 단점이 있습니다. 또한 은행에 비해 지점이 적기 때문에 거주 지역과 먼 곳으로 방문해야 할 수도 있습니다.

연계 은행에 방문해서 계좌 개설하기

일부 은행들은 증권사와 연계되어 있어 은행에서도 주식계좌를 개설할 수 있습니다. 주거래 은행이 있다면 해당 은행에 찾아가 계좌를 개설하면 되는데 증권사 방문 개설과 마찬가지로 필요한 서류나 절차에 관해 직원들이 알아서 알려주기 때문에 큰 불편함 없이 계좌를 만들 수 있습니다.

시중 은행은 증권사에 비해 지점이 많아 거리가 가까운 곳에서 개설할 수 있다는 장점이 있습니다. 하지만 기본적으로 은행은 증권사처럼 주식에 대해 전문적인 지식을 가지고 있지는 않기 때문에 주식 주문, 매매 순서 등 질문에 대한 답변이 다소 만족스럽지 못할 수 있습니다. 또한 증권사 방문 개설과 마찬가지로 비대면 개설에 비해 거래 수수료가 높다는 단점이 있습니다.

비대면으로 계좌 개설하기

코로나19 이후 비대면 서비스에 대한 수요가 높아졌고, 증권사별로 수수료 할인이나 무료 혜택, 주식 이관 이벤트 등 비대면으로 계좌를 개설한 고객을 대상으로 다양한 이벤트를 진행하고 있어 최근 들어 가장 높은 점유율을 보여주는 계좌 개설 방법입니다.

앱스토어에 접속해 개설을 희망하는 증권사 앱을 다운받아 계좌 개설을 진행하면 됩니다. 신분증과 은행계좌만 있으면 쉽게 개설할 수 있고, 직접 방문할 필요가 없으니 아무 때나 편한 시간에 계좌를 만들 수 있다는 장점이 있습니다.

주식매매 프로그램, HTS와 MTS

주식계좌를 개설했다면 본격적인 주식거래를 위한 프로그램을 마련해야 합니다. 과거에는 주식을 매매할 때 증권사에 직접 방문하거나 전화로 주문을 넣어 높은 거래 수수료를 지불해야 했지만 2000년대 이후 주식투자의 접근성이 상당히 높아져 언제 어디서나 주식을 거래할 수 있습니다. 그렇다면 주식을 매매할 때 사용하는 프로그램에는 무엇이 있는지 알아봅시다.

주식거래의 필수 요소인 HTS와 MTS

HTS(Home Trading System, 홈트레이딩시스템)는 PC를 통해 집에서 주식 거래를 할 수 있는 프로그램입니다. 증권사 홈페이지를 통해 다운받을 수 있는데 HTS의 디자인, UI 구성, 적용 기능의 범위는 증권사별로 차이가 있으니 여러 개의 HTS를 다운로드받아 본인에게 가장 잘 맞는 프로그램을 사용하면 됩니다.

주식매매는 A증권사를 통해 거래하지만 HTS는 B증권사의 프로그램을 사용하는 경우도 많습니다. 이처럼 여러 증권사의 HTS를 사용해 보고 자신에게 가장 적당한 프로그램을 사용하면 되는데 실질적인 주식거래는 수수료가 저렴한 증권사에서 하는 것도 좋은 방법입니다.

MTS(Mobile Trading System, 모바일트레이딩시스템)는 모바일을 통해 주식을 거래할 수 있는 프로그램입니다. 증권사 앱을 통해 계좌 개설을 진행했다면 추가로 다운받을 필요는 없습니다. MTS는 HTS에 비해 거래 수수료가 저렴한 편이고 모바일로 거래하기 때문에 공간의 제약을 받지 않습니다. 즉 언제 어디서든 주식을 사고팔 수 있죠. 하지만 MTS가 지원하는 기능은 HTS보다 적다는 단점이 있습니다.

HTS, MTS는 주식매매는 물론, 각종 기술적 지표*들을 대입해 개인

* 기술적 지표: 차트를 활용해 주가와 거래량의 과거 흐름을 토대로 미래의 주가를 예측하는 데 사용되는 지표다. 대표적으로는 이동평균선이 있다.

적인 분석을 해볼 수도 있고 기관투자자와 외국인투자자의 매매 동향, 증권사 리포트 등을 확인할 수 있으며, 다양한 주문 조건을 설정하는 등 투자에 도움되는 기능을 활용할 수 있어 주식거래에 필수적인 요소입니다.

HTS와 MTS의 장점만 뽑아라 

HTS와 MTS 중 하나를 선택해 사용하기보다 각각의 장점을 살려 복합적으로 사용하는 것이 좋습니다. HTS는 여러 개의 창을 동시에 띄울 수가 있어 호가창, 종합 차트, 실시간 지수를 모두 열어놓고 사용할 수 있으며, 조건식 검색을 사용해 설정한 식에 맞는 종목을 찾아볼 수도 있습니다. 또한 시뮬레이션을 돌려 과거의 수익률을 확인해볼 수도 있죠. 기술적 지표의 적용 범위가 MTS에 비해 넓어 차트를 분석할 때도 용이합니다.

MTS의 최대 장점은 공간에 제약이 없다는 점입니다. HTS는 컴퓨터가 있어야 사용할 수 있지만 MTS는 스마트폰만 있으면 길거리에서도 주식거래를 할 수 있습니다. 또 HTS에 비해 거래 수수료가 낮아 실제 주식거래에는 MTS를 사용하는 것이 유리합니다.

요즘에는 MTS가 지원하는 기능이 더욱 많아져 HTS가 없어도 주식을 거래하는 데 큰 불편함을 느끼지 못하지만, 둘의 장점을 살려 매매한다면 투자 성공률을 조금 더 끌어올릴 수 있을지도 모릅니다.

주식거래를 위한 예수금, 증거금, 미수금의 이해

팻 핑거(Fat Finger)는 금융 상품 트레이더들이 키보드로 주식을 주문하는 과정에서 주문을 잘못 입력해 발생하는 매매 실수를 의미합니다. '정말 이런 어이없는 실수를 할까?'라는 생각이 들 수 있지만 팻 핑거 관련 사례는 국내에서도 어렵지 않게 찾아볼 수 있습니다.

2018년 4월 6일, S증권에서 우리사주* 283만 주에 대한 배당을 지

* 우리사주: 기업 내 특정 조합을 통해 근로자들이 취득한 자기 회사의 주식

급하는 과정에서 한 직원의 실수로 주당 1천 원의 배당금이 아닌 주당 1천 주를 배당으로 지급하는 사태가 발생했습니다. S증권은 94억 원의 재산 피해를 입었죠. 2013년에는 H증권의 직원이 선물 옵션 가격의 변수인 이자율을 잘못 입력해 단 2분 만에 450억 원대의 손실이 발생했고, 30년의 전통을 가진 H증권은 역사 속으로 사라졌습니다.

주식거래를 하다 보면 한 번의 실수가 걷잡을 수 없는 큰 사고로 이어지기 마련입니다. 대형 증권사에서도 이런 어처구니없는 주문 실수가 일어나는데 상대적으로 지식이 부족한 개인투자자들에게는 더욱 흔하게 발생할 수밖에 없습니다. 그렇기 때문에 주식 관련 기초 용어들을 충분히 이해해 이런 사고들을 미연에 방지해야 합니다.

예수금, 증거금, 미수금의 이해

일상생활에 사용하는 은행 입출금 통장을 생각해봅시다. 계좌에 돈을 입금하면 잔액이 남는 것처럼 주식계좌도 돈을 입금한 뒤 존재하는 현금이 있습니다. 흔히들 예수금을 은행계좌의 잔액과 마찬가지로 당장 출금할 수 있는 현금의 의미로 해석하는데, 사실 주식에서 말하는 예수금의 진짜 의미는 조금 다릅니다. 예수금은 투자자가 원활한 주식거래를 위해 증권사에 맡겨놓은 현금이자, 거래를 온전히 체결하기 위한 결제 잔금을 말합니다.

모든 주식에는 증거금과 이에 따른 증거금률이 존재합니다. 증거금은 쉽게 말해 결제를 이행하기 위한 일종의 보증금입니다. 예를 들어 DY반도체 주식의 증거금률이 20%라면 매수 주문이 체결되는 순간 주문한 금액의 20%에 해당하는 금액을 증거금이라고 부릅니다. 즉 증거금률이 20%인 1만 원짜리 주식을 1주 매수하면 매수 주문이 체결되는 시점에 1만 원이 아니라 증거금 2천 원이 나가고 +2거래일 뒤에 8천 원의 매매 잔금이 계좌에서 출금되죠. 잔금은 계좌에 남아있는 예수금에서 결제되는데 잔금을 결제하는 날에 잔금보다 계좌의 예수금이 적다면, 이때 그 부족한 금액을 미수금이라고 합니다.

A주식(주가 1만 5천 원, 증거금률 40%)			
구분	1만 원 입금	주문 당일	+2거래일(결제일)
예수금	1만 원	4천 원	0원
증거금	0원	6천 원	0원
미수금	0원	0원	5천 원

주가가 1만 5천 원이고 증거금률은 40%인 A주식이 있다고 가정해 봅시다. 먼저 주식계좌에 1만 원을 입금하고 A주식에 주문을 넣어 매수 계약이 체결되면 계좌의 잔액 중 6천 원이 증거금이 되고, 예수금은 4천 원이 남습니다. 온전한 결제를 위해서라면 계좌에는 증거금을 제외한 9천 원이 있어야 하지만 실제 예수금은 4천 원밖에 없는 상황이죠. +2거래일 뒤에 주식 결제일이 오면 예수금으로 남아있던 4천 원은 결제 대금으로 빠져나가고 미처 납입하지 못한 결제 대금 5천 원은 미

수금이 됩니다. 이때 발생한 미수금은 +3거래일 안에 상환해야 하는데 만약 기간 내에 미수금을 상환하지 않는다면 불이익이 발생합니다.

미수금 미입금 시 발생하는 불이익

미수금은 꼭 상환하는 것이 좋습니다. 미수금을 상환하지 않을 경우 보유하고 있는 주식 중 일부를 시장에 처분해서라도 모자란 돈을 마련해야 합니다. 미수금이 발생하면 증권사에서는 고객에게 +3거래일의 시간을 주는데 이 기간 동안 미수금을 상환하지 못하면 증권사에서는 고객의 보유 주식 중 일부를 강제로 매도해 미수금을 회수하기 때문입니다.

증권사에서 미수금을 회수하기 위해 내가 보유하고 있는 주식을 강제로 매도하는 행위를 '반대매매'라고 합니다. 증권사가 반대매매를 하는 과정에서 내가 보유한 주식이 하한가에 매도될 수도 있습니다. 쉽게 말해 현재 주가가 1만 원인 주식이 7천 원에 강제 매도될 수도 있다는 뜻이죠.

투자자 입장에서는 꽤나 억울한 일이지만 어쩔 수 없습니다. 증권사는 투자자에게 미수금을 상환할 수 있는 충분한 기간을 주었음에도 미수금을 돌려받지 못했으니, 투자자의 주식을 처분해서라도 미수금을 회수하려는 것입니다. 증권사의 목적은 오직 미수금 회수에 있기에 주문이 상한가에 체결되는지, 하한가에 체결되는지에는 관심이 없습니다. 그렇기 때문에 만약 주식을 거래하다 미수금이 발생했다면 주어진 기간 내에 예수금을 마련해야 합니다.

미수금 발생을 사전에 방지하자

미수금이 발생하지 않기 위해서는 보유하고 있는 예수금의 한도 내에서 주식을 주문하면 되지만 거래할 때마다 일일이 예수금을 확인하고 매매하는 일은 여간 귀찮은 일이 아닙니다.

여기서 우리는 미수금이 발생하는 이유에 대해 다시 한번 되짚어볼 필요가 있습니다. 증거금률이 20%인 주식을 매수했다면 결제 대금의 20%에 해당하는 금액만 지불했으니 80%의 매매 잔금을 지불하는 과정에서 미수금이 발생하고, 증거금률이 40%인 주식을 매수할 땐 결제 대금의 40%에 해당하는 금액만 지불했으니 60%의 매매 잔금을 지불하는 과정에서 미수금이 발생합니다. 즉 주식의 증거금률에 따라 미수거래를 이용한 결과 예수금이 부족한 상황이 생긴 것이죠.

만약 증거금률을 100%로 조정한다면 어떻게 될까요? 증거금률을 100%로 상향하면 주문한 금액만큼 예수금에서 빠져나가고 미수금은 발생하지 않겠죠. 예수금이 부족하다면 애초에 매수 주문이 접수되지 않을 테니까요. 즉 증거금률을 100%로 상향하면 미수금이 발생하는 상황을 사전에 방지할 수 있습니다. 증거금률은 증권사 HTS나 MTS를 이용하거나 전화 상담을 이용해 조정할 수 있습니다.

매매 시작 전 호가창을 이해하라

주식계좌를 개설하고 투자금까지 준비했다면 이제 주식을 매수할 차례입니다. 주식을 매수한다는 일이 초보투자자에게는 뭔가 거창해 보일 수도 있지만, 사실 주식을 매매하는 행위 자체는 매우 간단합니다. 호가창을 보고 현재 거래되고 있는 주식의 가격을 확인하고 매매를 희망하는 가격과 수량, 주문의 형태를 입력한 뒤 매수 주문을 넣기만 하면 끝입니다.

하지만 초보투자자가 호가창에 대해 이해하지 못한 채 주식을 거래한다면 실제 가격보다 훨씬 비싸게 사거나, 주문을 넣었음에도 체결되지 않는 상황에 당황할 수도 있습니다. 분명 전날에 매수 주문을 넣었는데 말이죠. 매수 주문이 체결도 안 되었는데 다음 날 주가가 오른다면? 상상만 했는데도 아쉽습니다. 따라서 투자자라면 호가창을 보는 방법을 숙지하고 매매를 시작해야 합니다.

매매 주문 현황을 보여주는 호가창

물건을 사거나 팔 때 상품의 가격을 부르는 행위를 보고 '호가'라고 합니다. 재래시장을 생각해봅시다. 고등어를 파는 생선 장수는 1마리당 3천 원에 팔고 싶지만 동네 아주머니가 찾아와 가격이 너무 비싸다며 2,700원에 팔라며 흥정을 합니다. 하지만 둘 다 의견을 굽히지 않아 흥정 실랑이만 이어지자 보다 못한 옆 가게 생선 장수가 2,700원에 팔겠다고 말했고 아주머니는 옆 가게 생선 장수에게 2,700원에 고등어를 삽니다. 이렇게 거래는 성공적으로 마무리됩니다. 이 속에서 호가의 의미를 이해할 수 있습니다. 고등어를 사기 위해 2,700원을 불렀던 아주머니와 고등어를 팔기 위해 2,700원과 3천 원을 불렀던 생선 장수들 모두 고등어의 거래 가격을 호가한 것이죠.

주식에서 말하는 호가도 이와 같습니다. 주식을 매수하려는 투자자들은 매수를 희망하는 가격과 수량을 입력해 매수 희망 가격을 호가하고, 반대로 주식을 매도하려는 투자자들은 매도를 희망하는 가격과 수량을 입력해 매도 희망 가격을 호가합니다. 이런 매매 주문 현황을 실시간으로 보여주는 창을 '호가창'이라고 합니다.

호가창을 통한 매도·매수 주문

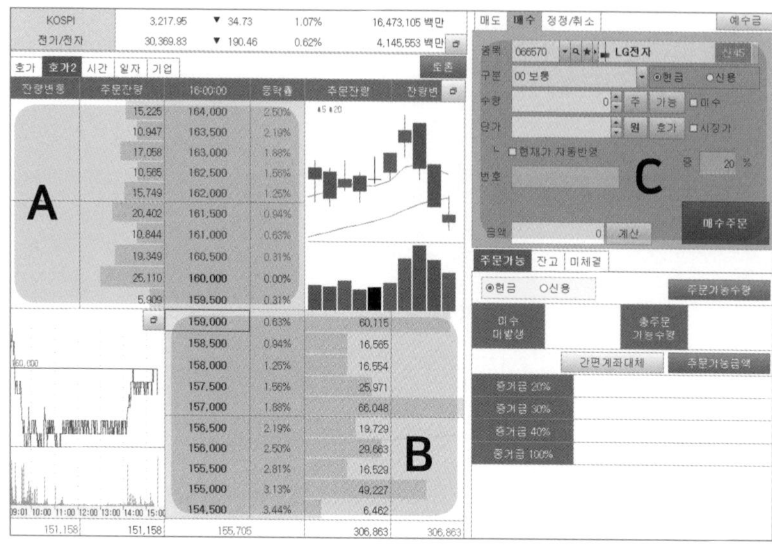

출처: 삼성증권 HTS 'LG전자' 호가창

HTS나 MTS를 통해 특정 종목의 거래 화면을 들어가보면 위와 같은 그림을 볼 수 있는데 A(매도 호가)와 B(매수 호가)를 통틀어 호가창이라고 부릅니다. 투자자는 호가창을 보고 현재 거래되고 있는 가격과 주문 잔량을 확인한 후, C에서 수량과 단가를 입력해 주문을 넣습니다.

A는 LG전자의 주식을 보유하고 있는 주주들이 주식을 매도하기 위해 시장에 내놓은 주문 화면입니다. 매도 1호가를 보면 15만 9,500원에 5,909주(주문 잔량)가 투자자들의 매수 주문을 기다리고 있습니다. 만약 우리가 15만 9,500원에 1주 매수 주문을 넣으면 주문과 동시에 LG전자 주식 1주가 계좌에 들어옵니다.

반대로 B는 LG전자 주식을 사려는 사람들의 실시간 주문을 나타낸 매수 호가입니다. 매수 1호가를 보면 15만 9천 원에 60,115주가 LG 전자 주주들의 매도 주문을 기다리고 있습니다. 만약 우리가 매수 1호가인 15만 9천 원에 매수 주문을 넣었다면 매도 호가에 매수 주문을 넣은 것과 달리 즉시 체결되지 않습니다. 주문 잔량 60,115주가 먼저 처리된 후 내 차례가 오기 때문이죠. 다시 말해 매도 주문과 동일한 가격에 매수 주문을 넣으면 즉시 체결되지만 매수 주문과 동일한 가격에 매수 주문을 넣으면 나보다 먼저 주문한 투자자들의 주문이 처리되길 기다려야 하는 번거로움이 있습니다. 하지만 사람들은 같은 주식이라도 더 낮은 가격에 사길 희망할 테니 번거롭더라도 낮은 가격에 주문을 넣는 선택을 할 수 있습니다.

주식을 매도할 때도 마찬가지입니다. 매수 주문과 동일한 가격에 매도 주문을 넣으면 즉시 체결되지만 매도 주문과 동일한 가격에 매도 주문을 입력하면 나보다 먼저 접수된 주문이 체결되기를 기다려야 하죠. 주식을 매도하려는 투자자 입장에서는 조금 더 비싼 가격에 팔고 싶을 테니 앞선 주문을 기다리더라도 높은 가격에 매도 주문을 넣는 선택을 할 수 있지만 주문이 체결되지 않은 채 하락하게 된다면 매도 주문의 체결 가능성은 점점 더 줄어들기 때문에 금액에 연연하기보다 실시간 호가 상황에 맞게 유연하게 대응하는 것이 좋습니다.

15만 9,500원 1만 주 매수		
주문 잔량	가격	주문 잔량
25,110주	160,000	
5,909주	159,500	
	159,000	60,115주
	158,500	16,565주

주문 잔량	가격	주문 잔량
19,349주	160,500	
25,110주	160,000	
	159,500	4,091주
	159,000	60,115주

매도 1호가를 보면 15만 9,500원에 5,909주가 남아있는 모습을 볼 수 있습니다. 만약 같은 가격에 1만 주 매수 주문을 넣게 되면 5,909주는 주문이 체결되지만 체결되지 못한 4,091주는 매수 1호가로 바뀌어 투자자들의 매도 주문을 기다려야 합니다.

하지만 이것은 일반적인 주문 방식인 보통가(지정가) 주문의 경우입니다. 주문에는 시장가, 조건부 지정가, 최유리 지정가, 최우선 지정가 등 다양한 방식이 있으니 상황에 따라 방식을 선택해 매매 주문을 넣을 수 있습니다.

주식 주문에도 종류가 있다

치킨을 주문해봅시다. 매장에서 먹고 싶다면 매장을 방문해 주문하면 되고, 집에서 먹고 싶다면 포장을 하거나 배달을 시킬 수 있습니다. 즉 소비자의 편의에 따라 다양한 형태로 주문할 수 있죠. 주식매매 주문도 이와 마찬가지로 투자자의 편의에 맞는 다양한 형태의 주문 방식이 있습니다. 각 주문 방식이 어떤 기능을 하는지 안다면 상황에 따라 적절하게 활용할 수 있을 것입니다.

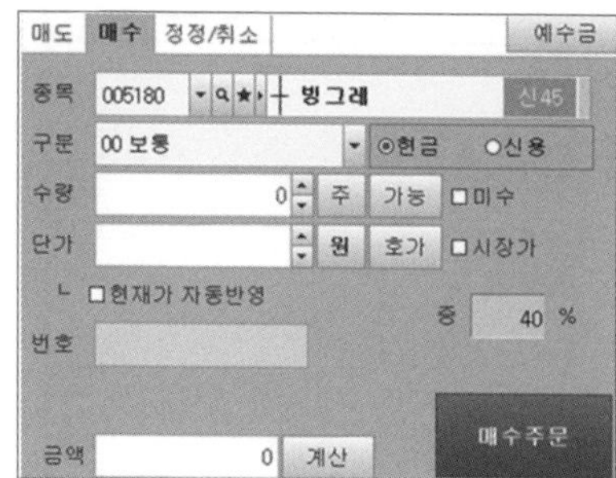

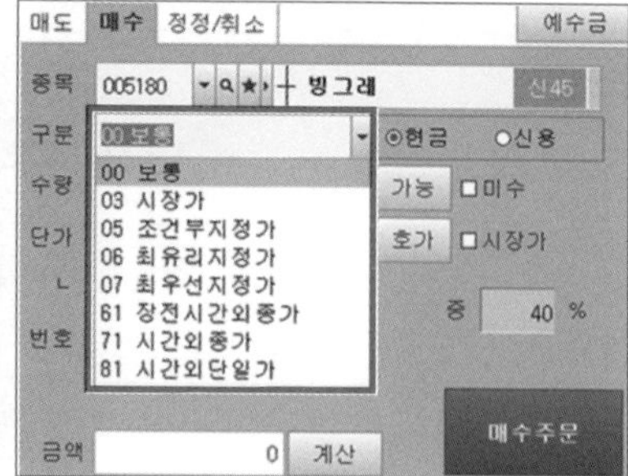

출처: 삼성증권 HTS '빙그레' 주문

매매 가격을 지정하는 보통가

보통가(지정가)는 원하는 종목의 매매 가격을 지정해서 주문하는 방식입니다. 1주를 1만 원에 사고 싶다면 1만 원을 입력해 매수 주문을 넣으면 됩니다. 주식을 매도하는 경우도 마찬가지로 매도를 희망하는 가격을 지정해 주문할 수 있습니다. 개인투자자들의 주문 방식 중 80~90% 이상이 보통가 주문일 정도로 가장 흔한 주문 방식입니다.

호가창 상황에 따라 결정되는 시장가

시장가는 가격을 지정하지 않고 매매를 희망하는 주식의 수량만 입력하는 방식으로 주문과 동시에 반대 호가와 체결됩니다. 거래 가격이 투자자의 선택이 아닌 호가창의 상황에 따라 결정되는 것이죠. 시장가

로 매수 주문을 넣으면 매도 1호가의 주문 잔량과 체결되고 매도 주문을 넣으면 매수 1호가에 있는 주문과 체결됩니다.

특정 주식의 거래량이 급격하게 상승해 주가가 비정상적인 급등 현상을 보이면 호가창에 있는 가격과 매물 잔량도 굉장히 빠르게 변하는 모습을 볼 수 있습니다. 투자자가 매매 주문을 하는 찰나에 호가가 변하기도 하죠. 매도 1호가가 1만 원인 것을 확인하고 1만 원을 지정해 매수 주문을 넣었지만 어느새 매도 1호가가 1만 300원으로 바뀌어 내가 넣은 매수 주문이 체결되지 않는 경우처럼 말이죠. 이럴 때는 주식 수량만 입력해 빠르게 매매해야 합니다. 그래서 시장가는 순간적으로 급등, 급락하는 주식을 거래할 때 유용하게 사용됩니다.

매수에 대한 강한 의지, 조건부 지정가

조건부 지정가		
주문 잔량	가격	주문 잔량
1,274	53,700	
887	53,600	
961	53,500	
	53,400	1,812
	53,300	1,453
	53,200	1,222

조건부 지정가는 가격을 지정해 주문을 넣지만 그 가격이 아니라도 반드시 매수한다는 조건이 붙는 주문 방식입니다. 매수에 대한 강한 의지를 보여주는 것으로 쉽게 말해 '싸게 사고 싶지만 싸게 살 수 없더라도 그냥 사겠습니다'라는 뜻이죠. 표의 호가창을 보면 매수 1호가인 5만 3,400원과 매도 1호가인 5만 3,500원 사이에서 거래가 이루어지고 있습니다.

누구나 저렴한 가격에 주식을 사고 싶을테니 5만 3,200원에 조건부 지정가로 매수 주문을 했다고 해봅시다. 기본적인 지정가(보통가)의 경우 주가가 5만 3,200원까지 하락하지 않는다면 매수 주문이 체결되지 않지만 조건부 지정가는 조금 다르게 적용됩니다. 만약 주가가 5만 3,200원까지 하락하지 않고 5만 3,500원에 장마감을 했다면 조건부 지정가 매수 주문은 장이 마감하기 직전 종가를 기준으로 매수 주문이 바뀌어 5만 3,500원에 체결됩니다.

조건부 지정가는 매번 호가창을 확인할 수 없는 업무량이 많은 직장인이나 시간이 부족한 투자자가 유용하게 사용할 수 있는 주문 방식입니다.

주식 주문 방식을 모두 알아야 할까?

주식 주문 방식은 보통가, 시장가, 조건부 지정가 이외에도 최유리 지정가, 최우선 지정가, IOC, FOK 등 굉장히 많습니다. 하지만 이 방

식들을 모두 숙지할 필요는 없습니다. 물론 모두 알고 있다면 좋지만 매매 성향이 강한 조건부 지정가도 잘 사용하지 않는 일반적인 개인투자자라면 보통가, 시장가만 알아도 주식을 매매하는 데 전혀 불편함이 없습니다. 따라서 다양한 주문 방식을 무리해서 외울 필요는 없고, '주식 주문 방식에는 이런 것들이 있다' 정도만 알면 됩니다.

시간에 따라 거래 방법이 달라지는 주식시장

주식투자를 하기 위해 기본적으로 알아야 하는 사항 중 하나가 주식거래 시간입니다. 주식은 매매할 수 있는 시간에 따라 거래 방식이 조금씩 달라집니다. 국내 주식시장에서 주식거래가 가능한 정규 시간은 평일 오전 9시부터 오후 3시 30분까지로 정규 시간 내에서는 주식을 자유롭게 거래할 수 있고, 주식 주문 방식에 따라 다양한 매매 전략을 취할 수도 있죠. 정규 시간 외에도 주식거래가 가능한 시간들이 있지만, 보통 투자자들은 정규 시간만 신경 씁니다. 하지만 각 시간에 맞는 거래 방식과 특징을 알고 있다면 주식거래를 조금 더 자유롭게 할 수 있고 상황에 따라 매매 전략을 유연하게 세울 수 있습니다.

한국 증시 거래 시간		
정규 시간		09:00~15:30
동시호가	장 시작 동시호가	08:30~09:00
	장 마감 동시호가	15:20~15:30
시간외 종가	장전 시간외 종가	08:30~08:40(전일 종가)
	장후 시간외 종가	15:40~16:00(당일 종가)
시간외 단일가		16:00~18:00(10분 단위 체결)

시가와 종가를 결정하는 동시호가

정규장 시작 전 30분(8시 30분~9시)과 마감 전 10분(3시 20분~3시 30분)에는 동시호가로 거래가 이루어집니다. 동시호가 거래 시간에는 1만 원에 매수 주문을 한 사람과 1만 원에 매도 주문을 한 사람이 존재해도 둘의 주문은 체결되지 않습니다. 동시호가 거래는 여러 주문을 모아 적정 수준에서 단일화된 가격을 책정하고, 매매 주문을 한 번에 체결시키는 방식입니다. 이 때문에 장 시작 동시호가는 해당 주식의 정규장 시작 가격을 결정하는 역할을, 장 마감 동시호가는 해당 주식의 종가를 결정하는 역할을 합니다.

장이 열리는 9시에 주문을 받고 순서대로 처리하면 되는데 왜 이런 방식을 사용하는 걸까요? 정규장이 시작하는 시점과 마감하는 시점에는 매매를 희망하는 투자자들의 주문이 엄청나게 몰려 자칫하다간 주가가 비이상적으로 급등하거나 급락하는 사태가 발생할 수 있기 때문입니다. 이를 방지하고 주가의 변동성을 완화하기 위해 도입한 제도가 동시호가입니다.

실시간 매매가 원칙인 시간외 종가거래

시간외 종가거래는 정규 시간 외에 전일이나 당일의 종가로 거래가 이루어지는 방식입니다. 장전 시간외 종가거래 시간은 정규장이 시작하기 전인 평일 8시 30분부터 8시 40분까지로, 거래되는 가격의 기준은 전일 종가입니다. 어제 삼성전자 종가가 8만 원이었다면 오늘 8시 30분~40분 사이에는 8만 원에 거래가 이루어집니다.

장후 시간외 거래도 종가의 기준일과 거래 시간만 다를 뿐 매매가 체결되는 방식은 동일합니다. 정규장이 마감한 오후 3시 40분부터 4시까지가 장후 시간외 종가거래가 이루어지는 시간이며 거래가 체결되는 가격은 당일 종가입니다. 어제 8만 원에 마감했던 삼성전자 주식이 오늘은 500원 올라 8만 500원이 되었다면 오늘의 장후 시간외 거래 종가는 8만 500원에서 거래됩니다.

시간외 거래는 동시호가와 달리 매매 주문이 접수된 순서에 따라 거래가 이루어집니다. 따라서 나와 반대되는 매매 주문을 넣은 사람이 있다면 주문 시간대로 체결됩니다.

추가매매의 기회인 시간외 단일가매매

정규장 시간 외에 단일가로 매매가 이루어진다고 해 시간외 단일가매매라고 합니다. 시간외 단일가매매는 오후 4시부터 6시까지 거래가 이루어지며 동시호가와 마찬가지로 투자자들의 주문을 한 번에 처리하는 방식인 단일가매매를 원칙으로 합니다. 시간외 단일가매매는 오후 4시부터 10분간 투자자들의 주문을 모았다가 4시 10분에 체결하고, 또 10분간 주문을 모았다가 4시 20분에 체결하는 방식으로 오후 6시까지 총 12번의 거래가 이루어져 투자자들에게 정규장 시간 외에 추가 매매 기회를 제공합니다.

시간외 단일가매매는 정규장이 마감한 후 거래가 이루어지기 때문에 기업의 공시, 뉴스 등의 정보로 주가가 크게 달라질 수 있습니다. 그래서 종가의 ±10% 내에서만 거래가 체결되는 특징이 있습니다. 종가가 1만 원인 주식은 ±10%인 9천 원~1만 1천 원 사이에서만 거래가 이루어집니다.

다만 당일 상·하한가 이내라는 전제가 있어 1주당 1만 원 하는 주식이 상한가를 기록해 1만 3천 원에 마감했다면 해당 주식의 시간외 단일가매매는 1만 3천 원 위에서는 거래가 이루어지지 않습니다. 마찬가지로 하한가를 기록해 7천 원에 마감했다면 시간외 단일가매매는 7천 원 아래에서는 거래되지 않습니다.

시간외 단일가는 다음 날 주가에도 영향을 미치기 때문에 투자자는 6시에 체결된 가격을 보고 내일 주가를 미리 예상할 수 있습니다. 예를 들어 정규장이 마감한 후 기업에 호재가 발생했다는 기사가 나와 시간외 단일가매매에서 주가가 +10% 상승했다면 다음 날 주가는 상승한 채로 시작할 확률이 높습니다.

이런 이유 때문에 주식 리딩방, 불법투자 사이트는 시간외 단일가매매에서 +10% 상승한 종목을 보고 "내일 이 종목 무조건 오릅니다"라고 말하며 초보투자자들을 현혹합니다. 시간외 단일가매매와 거래 방식, 특징에 대해 이해하고 있는 투자자라면 이런 사기 피해를 미연에 방지할 수 있을 것입니다.

CHAPTER 4

주가를 예측하는 차트를 확인하세요

꼭 알아야 하는 주식차트 보는 방법

주식투자를 위해 상장 기업들의 차트를 열면 다음 페이지와 같은 그래프를 보게 됩니다. 차트가 낯선 초보투자자들은 주가가 상승하고 있다는 정도만 알 뿐, 하나하나의 봉이 무엇을 의미하는지, 빨간색과 파란색은 무슨 차이인지, 봉의 위아래로 그려져 있는 선은 무엇인지 모를 겁니다.

먼저 주식차트는 주가 변동에 관한 모든 정보를 담고 있습니다. 봉 차트는 시작 가격(시가)과 마감 가격(종가), 최저가와 최고가를 표시하고 있어 얼마에 시작해 어디까지 상승했다가 얼마에 마감했는지를 알 수 있습니다. 그뿐만 아니라 쭉 나열된 봉을 통해 일정 기간 동안의 주가

흐름을 파악할 수 있고 주가 흐름을 토대로 주가를 예측할 수 있습니다. 따라서 투자자라면 차트를 읽고 해석할 줄 알아야 합니다.

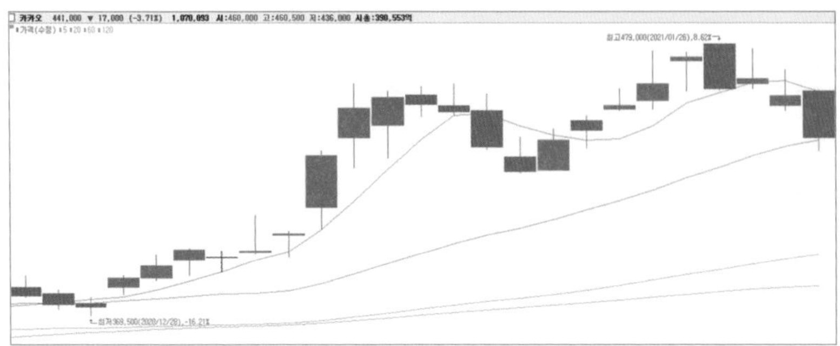

출처: 삼성증권 HTS '카카오' 일봉차트

봉차트는 어떻게 생겨난 걸까?

현대에 가장 널리 쓰이고 있는 '봉차트'는 일본에서 개발되었는데 마치 양초(캔들, Candle)처럼 생겨 캔들차트라고도 불립니다. 19세기 일본에는 쌀 거래가 성행했고 쌀의 시세가 매일같이 바뀌며 가격 변동 폭이 큰 탓에 이를 악용해 막대한 부를 얻는 사람들도 있었지만 대부분의 사람들은 큰 손실을 겪었습니다. 특히나 일본 경제의 중심지이자 쌀이 집중적으로 거래되고 있던 오사카에는 쌀을 사재기하려는 투기 세력까지 몰려들어 전 재산까지 잃은 상인도 있었습니다.

피해를 입은 상인 중 혼마 무네히사는 시장에 대응하기 위해 쌀이 거래되는 가격을 매일 기록하고 시세 흐름을 한눈에 파악하기 쉽도록

'봉' 모양의 그림을 그려 쌀 시세의 방향성이나 변화를 잡아내기 용이한 그래프를 개발했습니다. 이것이 바로 오늘날 전 세계의 투자자들이 사용하는 봉차트입니다. 혼마 무네히사는 봉차트를 통해 쌀 가격이 언제 오르고 언제 내리는지를 파악해 실제 매매에 응용했고 몇 해 지나지 않아서 일본 최고의 상인으로 명성을 떨치게 됩니다.

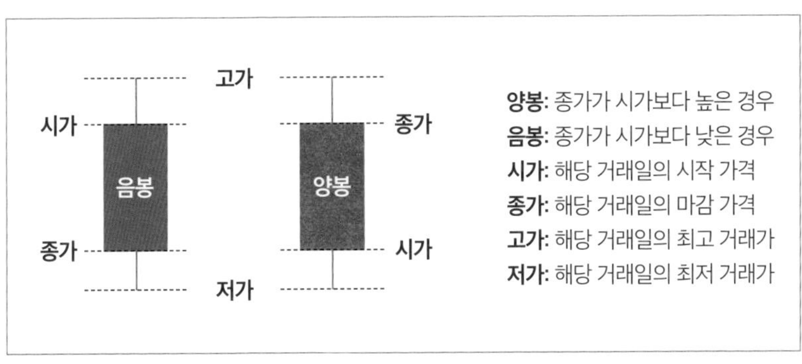

봉차트를 읽기 위해서는 하나의 봉이 가진 의미를 알아야 합니다. 장이 시작되고 처음 형성된 거래 가격은 '시가', 장이 마감할 때 형성된 가격은 '종가', 그날의 최저 거래가는 '저가', 최고 거래가는 '고가'라고 하는데 이 모든 내용을 봉을 통해 알 수 있습니다.

시가, 종가, 저가, 고가 이 네 가지의 단어를 이해하면 양봉과 음봉을 구분할 수 있습니다. 양봉은 빨간색으로 종가가 시가보다 높은 경우를 나타내고 음봉은 파란색으로 종가가 시가보다 낮은 경우를 나타냅니다. 장이 열린 직후 삼성전자의 주가는 8만 원이었지만 주가가 상승해 8만 1천 원으로 마감했다면 시작 가격보다 마감 가격이 높으니 이날 삼성전자 차트는 양봉으로 표시될 것입니다. 반대로 삼성전자의 주가가 8만 원으로 시작해 7만 9,500원으로 마감했다면 차트에는 음봉으로 표시됩니다. 이처럼 양봉과 음봉은 시가를 기준으로 종가의 위치에 따라 구분할 수 있습니다.

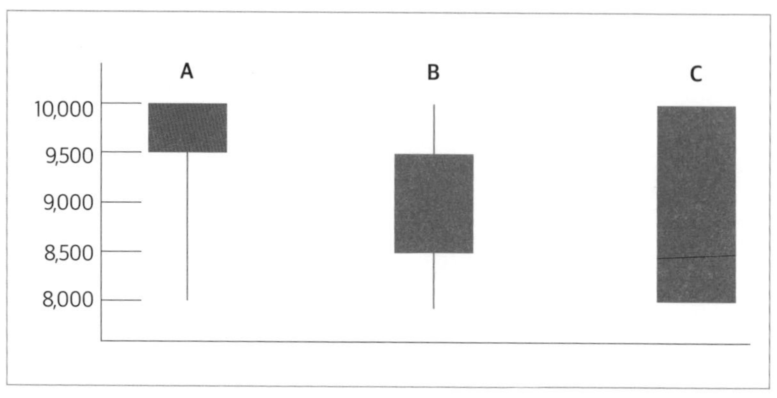

양봉과 음봉에 대해 이해했다면 어떠한 형태의 봉을 봐도 해석할 수 있습니다. 음봉 A는 주가 1만 원으로 시작했으나 한 번의 상승도 없이 계속 하락해 8천 원까지 급락한 후 다시 회복해 9,500원에 마감했음을 의미합니다. 양봉 B는 8,500원에 시작 후 8천 원과 1만 원 사이에서 거래가 이루어지다 9,500원에 마감했고, C는 8천 원에 시작해 하락 없이 꾸준한 상승을 이루어내 장중 최고가인 1만 원에 마감했음을 알 수 있죠.

일봉과 주봉, 월봉, 분봉은 무엇일까?

봉 하나가 포함하고 있는 기간에 따라 일봉과 주봉, 월봉 등으로 구분할 수 있습니다. 봉 하나가 하루 동안의 주가 변동을 표시한다면 일봉, 월요일부터 금요일까지 한 주 동안의 주가 변동을 표시한다면 주봉, 1일부터 말일까지 한 달간의 주가 변동을 표시하고 있다면 월봉이라고 합니다.

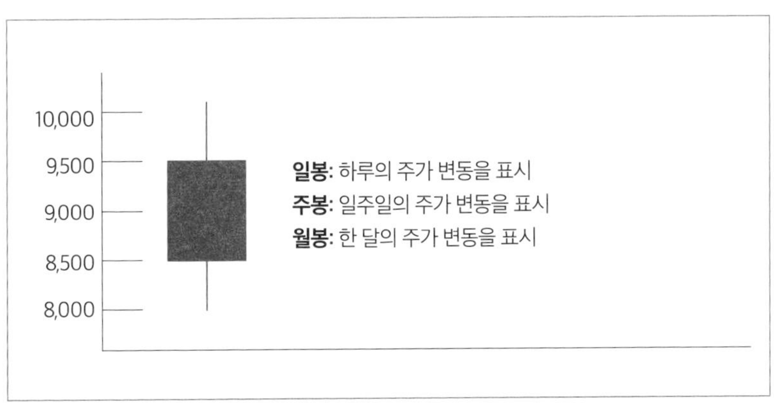

위 그래프의 봉을 살펴봅시다. 일봉이라면 해당 거래일 장이 시작할 때 8,500원으로 시작했다가 9,500원에 마감했음을 의미하고, 주봉이라면 월요일 장이 시작할 때 8,500원으로 시작했다가 금요일 장이 종료될 때 9,500원으로 마감했음을 의미합니다. 월봉도 포함하는 기간만 다를 뿐 그 달의 시작 가격과 마감 가격을 의미하는 것은 똑같습니다. 투자 기법에 따라 선호하는 방식이 다르긴 하지만 대부분의 투자자들이 보는 그래프는 일봉입니다.

봉은 일, 주, 월의 기간 외에도 1분봉, 3분봉, 5분봉, 10분봉, 15분봉, 30분봉, 60분봉 등 다양한 시간을 설정할 수 있는데, 이런 분봉은 스캘핑, 데이트레이딩처럼 단기투자를 선호하는 투자자가 자주 사용하는 형태의 봉입니다.

거래량에 대해 알아보자

거래량이란 시장에서 거래가 체결된 수량을 말합니다. 우리가 A라는 종목의 주식을 팔기 위해 500주 매도 주문을 넣어도 동일한 가격에 사려는 사람이 나타나지 않으면 주문은 체결되지 않습니다. 만약 매수하려는 사람이 나타나 500주 매수 주문을 넣으면 거래가 체결되고, 체결된 수량인 500주만큼 거래량은 올라갑니다. 즉 매도자와 매수자 사이에서 실제로 체결된 거래 수량을 거래량이라 부르는 것이죠.

출처: 삼성증권 HTS '셀트리온' 차트

주식거래를 하면 위와 같은 형태의 차트를 볼 수 있습니다. 하단에 일렬로 늘어져 있는 봉이 거래량을 나타냅니다. 각 봉을 통해 기업의 주식거래가 활발하게 이루어지고 있는지, 침체되어 있는지를 판단할 수 있기 때문에 거래량은 차트를 분석할 때 중요한 지표입니다.

거래량이 많으면 좋은 걸까?

특정 종목의 거래량이 많다는 것은 투자자들에게 많은 관심을 받아 활발하게 거래되고 있음을 의미하므로 투자자 입장에서 긍정적으로 해석됩니다. 이해를 돕기 위해 하나의 예를 들어봅시다. 우리가 사과를 사려고 시장에 갔는데 사과를 파는 상인이 1명밖에 없고 사려는 사람도 1~2명밖에 없다면 거래되는 사과의 가격이 적절한 가격인지 판단하기 힘들 것입니다. 사과 장수가 가격을 터무니없이 올릴 수도 있고 사과를 사려는 사람이 지나치게 싼 가격을 원할 수도 있으니 말이죠. 하지만 사과를 파는 상인이 10명이고 사려는 사람도 많다면 거래가 활발해져 조금 더 안정적이고 합리적인 가격에 사과를 거래할 수 있습니다.

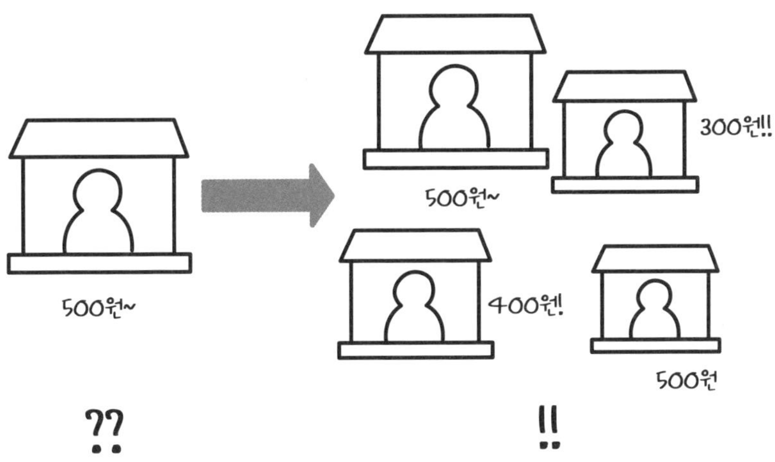

주식도 마찬가지입니다. 하루 평균 거래량이 극심하게 낮은 종목의 주가는 합리적인 가격으로 보기 어렵습니다. 거래량이 적으니 투자자들의 심리 변화에 주가가 급변하는 일도 비일비재합니다. 만약 일일 거래량이 100만 주인 종목에 1천 주의 매수 주문이 체결된다면 주가 상승에는 큰 영향을 주지 못하지만, 하루 평균 거래량이 1만 주인 종목에 1천 주의 매수 주문이 한 번에 체결된다면 주가는 급등할 수 있는 것처럼 말이죠. 반대로 1천 주의 매도 주문이 한 번에 체결된다면 주가는 급락할 수도 있습니다.

주식의 인기를 판단하는 거래량

자본시장에서는 상품의 가격이 정해지기까지 무수한 과정을 거칩니다. 가격이 수요와 공급에 따라 결정된다는 사실은 부동산, 금, 은, 농산품 등 매수자와 매도자 사이에서 이루어지는 모든 거래에 공통적으로 적용되죠. 인기가 많은 상품이라면 매수하려는 사람들이 많으니 상품의 가격은 자연스레 상승하지만 상품의 인기가 식으면 수요가 줄어들고 가격도 점차 하락하게 됩니다.

주식도 이와 같습니다. 기업의 실적이 시장의 예상을 뛰어넘고 어닝 서프라이즈*를 기록했다는 기사가 뜨거나 회사가 영위하고 있는 산업이 재조명된다면 투자자들이 해당 기업의 주식을 매수하기 위해 몰려들어 기업의 주가는 상승합니다. 이처럼 투자자들에게 인기 있는 종목의 주가는 상승하는 경우가 많고 투자자들의 관심에서 소외된 주가는 하락하는 경우가 많습니다.

그렇다면 주식에서 말하는 인기란 무엇일까요? 주식시장에는 코스피, 코스닥의 구분 없이 수천 개에 달하는 종목들이 있으며 이 중에는 투자자들에게 인기 있는 종목도 있고 상대적으로 인기가 없는 종목도 있습니다. 여기서 인기는 곧 거래량을 말합니다. 거래량이 많다는 것

* 어닝 서프라이즈: 시장 예상치를 훨씬 뛰어넘는 깜짝 실적으로, 주가 상승에 긍정적 신호를 준다.

은 매매가 활발하다는 뜻이며, 이는 곧 해당 종목의 인기가 많다는 뜻으로 해석할 수 있죠. 특정 종목이 투자자들에게 관심을 받기 시작하면 매매하려는 사람이 늘어나 거래량이 많아지고, 투자자들의 관심이 줄면 주식을 매매하려는 사람이 줄어 거래량도 줄어듭니다. 거래량의 증가는 일반적으로 투자자들의 매수 심리를 자극하고, 거래량의 감소는 투자자들의 매도 심리를 자극하는 경우가 많습니다.

거래량 상승은 항상 주가 상승으로 이어질까?

투자자들은 상승하는 종목에 편승하려는 경향이 강합니다. 예를 들어 삼성전자 주가가 4만 원일 때 주식을 매수해 주가가 5만 원이 되어 차익 실현을 했지만 주가가 6만 원이 되었다면 더욱 오를 것이라는 기대감으로 다시 매수하는 경우도 많습니다. 이런 행위가 거래량을 증가시키고, 거래량의 상승이 주가를 추가로 끌어올리는 모습을 자주 볼 수 있습니다.

물론 일반적으로 이러한 경우가 많다는 뜻일 뿐, 이 패턴이 꼭 들어맞다는 것은 아닙니다. 상황에 따라 주가의 저점에서 대량 거래가 발생해 주가 상승이 예상되어 많은 투자자들이 매수했음에도 급락하는 경우도 있고, 거래량이 점점 줄어들어 주가 하락을 예상했지만 반대로 높은 상승을 보여주는 경우도 있습니다. 따라서 거래량에만 의존하기보다는 주어진 상황에 맞게 다양한 지표를 활용해 적절하게 대응해야 합니다.

차트를 활용한 기술적 분석

시중에는 차트를 활용한 다양한 매매기법 이론이 존재하고 이를 토대로 만든 책들이 넘쳐납니다. 그만큼 많은 사람들이 주식투자에 관심을 가지고 있다는 뜻이겠죠. 주식 서적과 이론에서 말하는 주가 분석 방식은 가지각색이지만 근본적으로는 이들 모두 차트를 활용한다는 점에서 '기술적 분석'에 해당합니다.

재무제표를 사용한 기본적 분석

주식의 가치를 분석할 때 기본이 되는 것은 기업의 본질적인 가치를 알아볼 수 있는 재무제표를 통한 분석입니다. 기본적으로 기업이란 이익을 창출하는 행위를 목표로 둔 집단이니 이익이 늘어난다면 더할 나위 없을 것입니다. 하지만 이익이 줄어들고 부채가 늘어나 기업의 경영 상태가 악화된다면 BPS*, EPS† 등의 투자지표들은 우리에게 투자할 가치가 감소했다는 신호를 보냅니다. 이처럼 재무제표에는 기업의 자산, 자본, 부채, 이익 등이 투명하게 공개되어 있어 투자자들은 이를 통해 기업의 가치가 적절한 가격에서 거래되고 있는지를 판단할 수 있습니다. 기업의 본질적인 가치, 업계의 전망 등을 보고 판단하는 이러한 분석 형태를 '기본적 분석'이라고 합니다.

차트를 사용한 기술적 분석

봉차트의 흐름을 분석해 미래의 주가 흐름을 예측하는 것을 '기술적 분석'이라고 합니다. 즉 기업이 가진 본질적인 가치보다는 주가의

* BPS: 주당순자산가치로 기업이 보유하고 있는 순자산을 발행주식수로 나눈 값을 말한다.

† EPS: 주당순이익으로 기업이 벌어들인 순이익을 발행수식수로 나눈 값을 말한다.

변동, 거래량 등을 파악해 매매에 활용하죠. 기술적 분석은 주가의 변화, 봉의 추세, 패턴을 분석한 후 주가 상승을 예측해 차익을 실현하는 것을 목표로 합니다.

주식투자와 관련된 영화를 보면 주인공이 4~5개가 넘는 모니터에 차트를 띄워놓고 이해하지 못할 말을 하며, 천문학적인 돈을 벌어들이는 장면이 종종 나옵니다. 사람들은 그런 모습을 보면서 나도 주식투자를 하면 저렇게 될 수 있다고 상상하죠. 급격한 봉의 움직임, 요동치는 호가창은 투자자들의 가슴을 설레게 합니다. 그래서 보통 눈을 감고 주식에 대한 이미지를 그리라고 하면 차트를 떠올리는 경우가 많습니다.

기술적 분석의 최대 장점은 현물, 선물, 펀드, 환율 등 어떠한 형태의 자산에도 공통적으로 적용할 수 있다는 점입니다. 기본적 분석은 개별 투자 품목마다 각기 다른 지식을 요구하지만 기술적 분석은 시세 차트만 있으면 분석이 가능합니다.

예를 들어 삼성전자의 기본적 분석을 한다고 해봅시다. 주식에 대한 분석이라면 기업의 주요 매출 구성이나 업계 전망, 시장점유율 등을 파악해야 하고, 환율투자에 대한 분석이라면 투자하려는 국가의 통화와 국가 간 경제 상황, 금리 추이도 알아야 합니다. 하지만 기술적 분석을 한다면 삼성전자 주식, 달러, KODEX200, 선물 등 각기 다른 품목에도 시세 차트와 몇 가지 정보만 있으면 분석이 가능하죠.

기술적 분석을 100% 신뢰할 수 있을까

투자자들은 1~2개의 기술적 지표를 이해하면 본인이 가진 몇 가지 기술만으로 주식 고수가 될 수 있다고 착각합니다. 물론 처음 한두 번은 수익이 날 수도 있습니다. 하지만 이렇게 한두 번의 수익을 얻은 뒤에 '혹시 나의 잠재적 재능을 이제 안 것은 아닐까? 내가 사실 주식 고수는 아닐까?'라는 자만심에 빠지는 경우가 많습니다. 그래서 이런 방식의 투자가 지속된다면 결국 대부분은 손해를 봅니다.

물론 투자자들의 이런 생각이 잘못되었다는 말은 아닙니다. 일반적으로 사람은 본인에게 유리하도록 해석하려는 경향을 가지고 있으며(확증편향이라고도 하죠), 객관적인 시선으로 냉철하게 시장을 바라보는 것은 굉장히 힘든 일이니까요.

차트는 단순히 과거에서 현재까지의 가격 변동에 대한 내용을 봉에 담아 그래프로 표현한 것이라고 생각할 수 있지만, 이 속에는 돈의 흐름, 투자자들의 심리가 반영되어 있습니다. 그래서 단기적인 주가를 예측하는 데는 유용하지만 장기적인 관점으로 접근한다면 차트 해석의 신뢰도는 상당히 떨어집니다.

전망 좋은 기업의 주식을 보유하고 있다가 차트의 흐름상 주가가 하락이 예상되어 가지고 있는 주식을 모두 처분했는데 2~3년 후 기업의 주가가 두 배, 세 배 이상 상승하는 경우도 비일비재합니다. 상승의 원인으로는 정부 정책의 변화, 시장점유율 확대, 신규 사업의 폭발적인 성장, 실적 개선 등이 있는데 이들은 모두 기본적 분석에 해당하는 것으로 차트와는 아무런 관련이 없습니다. 성공적인 투자를 위해서라면 기술적 지표를 맹신하지 말고, 지표를 활용하고 참고한다는 생각으로 투자에 임해야 합니다.

추세 분석의 시작, 지지선과 저항선

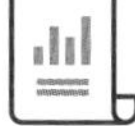

관성의 법칙에 대해 아시나요? 달리던 버스가 급정거하면 승객들의 몸은 앞으로 쏠리고, 테이블과 컵 사이에 있는 천을 재빨리 잡아당기면 컵은 그 자리에 가만히 있죠. 이처럼 관성의 법칙은 물체가 운동 상태를 그대로 유지하려는 성질을 말합니다. 주가의 흐름도 움직이던 방향에 따라 추세를 형성하며 나아가려는 성질이 있습니다. 상승하던 주식은 파동을 그리며 계속 상승하려는 성질을 가지고 있고 하락하던 주식은 파동을 그리며 계속 하락하려는 성질을 가지고 있죠. 우리는 이런 흐름 속에서 주가의 상승과 하락을 유추할 수 있어야 하는데 이때 추세 분석의 기본적인 지표가 되는 것이 지지선과 저항신입니다.

저점과 고점을 연결한 지지선과 저항선

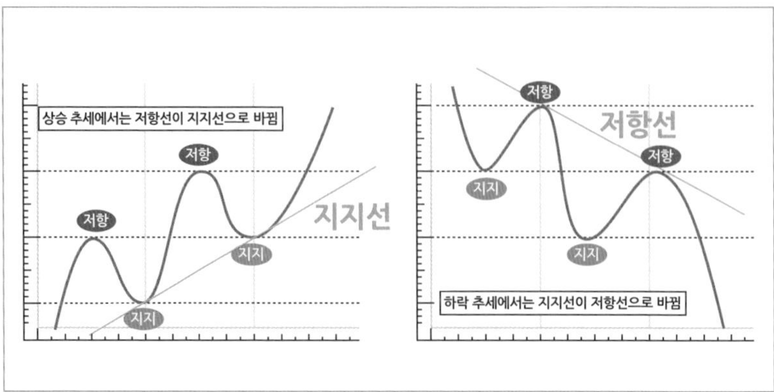

지지선이란 주가 흐름의 저점들을 연결한 선입니다. 주가가 상승 추세인 경우 어느 지점까지 하락하면 더 이상 떨어지지 않을 것이라는 기대감과 상대적으로 저렴해 보이는 주가가 투자자들의 매수 심리를 자극해 주가는 하락을 멈추고 다시 상승하는 경향이 있습니다. 이처럼 지지선은 주가의 추가 하락을 지지해준다는 뜻으로, '주가가 더 이상 떨어지지 않는다'는 일종의 심리적 마지노선의 역할을 합니다.

저항선은 지지선과 반대로 주가 흐름의 고점들을 연결한 선입니다. 주가가 하락 추세인 경우 어느 지점까지 올라가면 투자자들은 더 오르는 것이 힘들지도 모른다는 생각에 보유하고 있는 주식을 매도합니다. 단기적으로 반등하던 주가가 상승을 멈추고 다시 하락하죠. 이처럼 저항선은 주가가 더 상승하는 것을 저항한다는 의미를 지닙니다.

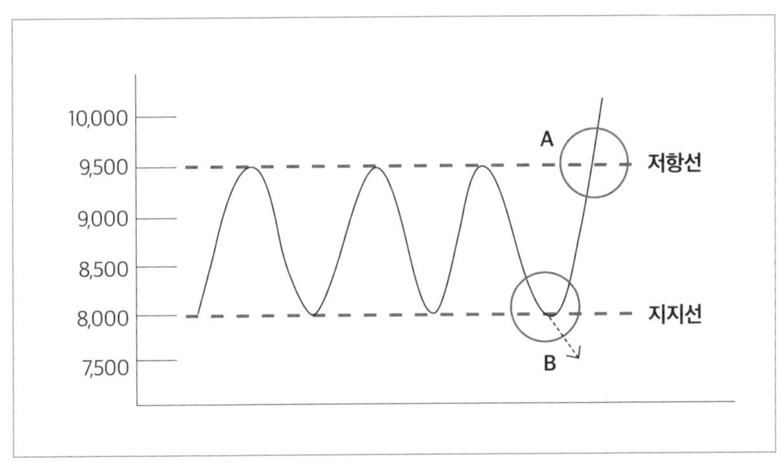

위 차트의 주가는 8천 원과 9,500원 사이에서 꾸준히 횡보하며 나아가는 모습입니다. 8천 원까지 하락하면 다시금 반등하고 9,500원까지 상승하면 상승을 멈추고 하락하는 모습이죠. 지지와 저항을 반복적으로 받는 주가는 박스권 형태의 구간을 벗어나지 못하는 것처럼 보이지만 기업의 호재나 악재, 투자자들의 매매 심리, 시장의 상황 등의 이유로 언제든지 박스권을 이탈할 수 있습니다.

B의 경우처럼 주가가 등락을 거듭하다 지지선까지 하락해 반등을 예상했지만 오히려 매도 세력이 더 큰 힘을 발휘해 지지선을 이탈하고 무너질 수도 있습니다. 투자자들의 심리선이 무너졌으니 주가가 어디까지 하락할지 아무도 모릅니다. 추가적인 손실을 방지하기 위해서 주식을 매도하려는 투자자가 증가하고, 매도 세력이 우위를 점하게 되니 주가는 급락하는 경우가 많습니다.

반대로 주가가 저항선을 뚫고 상승 돌파한 A의 경우에는 주식을 매도하지 않고 계속 보유하고 있으면서 추가적인 상승을 노려볼 수도 있습니다. 주가가 저항선을 뚫고 상승한다는 것은 매수 세력이 강한 힘을 발휘해 새로운 추세에 접어들었음을 의미하니 추가 상승에 대한 기대를 해볼 수도 있습니다.

지지선과 저항선을 연습하라

지지선은 주가 흐름의 저점을 연결하고 저항선은 주가 흐름의 고점을 연결한다는 것은 알지만 막상 차트를 보면 어디가 지지선이고 어디가 저항선인지 확인하기 어려울 수 있습니다. 지지선과 저항선은 다른 보조지표들과 다르게 차트에 계산식으로 삽입할 수 없어 HTS를 통해 직접 선을 그리며 해석해야 합니다. 그렇기에 투자자마다 선을 그리는 방법이 달라 해석도 다양합니다.

초보투자자라면 지난 차트를 보며 지지선과 저항선을 꾸준히 그리는 연습을 하는 것도 좋은 방법입니다. 연습을 반복하면 자신도 모르는 사이에 단기적인 주가의 흐름을 파악할 수 있고, 나아가 본인만의 기준을 바탕으로 새로운 투자 전략을 세울 수도 있기 때문이죠. 물론 처음에는 어렵겠지만 선을 그리는 일에 능숙해지고 활용법을 익힌다면 투자에 큰 도움이 될 것입니다.

이동평균선을 활용한 추세 분석

추세 분석에 사용되는 지표는 굉장히 많지만 가장 대표적인 지표를 꼽으라면 이동평균선이 있습니다. 이동평균선은 투자자가 활용 가능한 기술적 지표 가운데 습득력이 매우 빠르며 비교적 신뢰성이 높다는 장점이 있어 초보투자자부터 베테랑투자자까지 모두에게 두루 활용되는 대표적인 기술적 지표입니다.

일봉차트의 봉을 통해 그날의 시가, 저가, 고가, 종가 등의 내용을 알 수 있습니다. 하지만 일봉차트는 오직 그날 하루의 주가 변동만을 나타내어 일정 기간 동안의 수치화된 주가 변동 흐름을 한눈에 파악하기에는 무리가 있습니다. 다시 말해 봉을 보고 대략적인 주가 흐름을 이해하기는 쉬워도 표시된 주가 변동 흐름의 평균값이나 조금 더 구체적인 내용을 단번에 이해하기는 어렵습니다. 따라서 우리는 주가의 평균을 수치화해서 나타내는 이동평균선을 활용할 줄 알아야 합니다.

주가의 평균값을 알 수 있는 이동평균선

출처: 삼성증권 HTS '카카오' 차트

이동평균선이란 일정 기간 동안의 주가의 평균값을 산출해 차례로 연결한 선을 말합니다. 위의 차트를 보면 봉 위아래로 얇은 선 4개가 줄지어져 있는 모습을 볼 수 있는데 노란색 선은 5일간의 주가 이동평균값을 나타낸 것이고 검은색 선은 20일, 보라색 선은 60일, 초록색 선은 120일간의 이동평균선을 표시하고 있습니다.

이는 가장 흔하게 쓰이는 기간을 표시한 것일 뿐 투자자의 매매 성향에 따라 3일, 10일, 40일 등 이동평균선의 산술 기간을 변경해 활용할 수 있습니다.

이동평균선에는 절대 변하지 않는 중요한 특성이 있습니다. 바로 포함하는 기간에 비례해 선의 파동이 완만해진다는 점이죠. 위 그래프를 봐도 5일선의 파동이 20일선보다 크고 20일선의 파동은 60일선보다 크며, 60일선의 파동은 120일선보다 큼을 알 수 있습니다. 다시 말해 설정 기간이 짧을수록 선의 파동이 확대됩니다. 어찌보면 당연한 결과겠죠. 5일간의 평균값을 줄지어 나타낸 이동평균선은 다음 날 주가가 급등하면 이동평균선 역시 급격하게 상승할 테지만, 120일간의 평균값을 나타낸 이동평균선은 다음 날 주가가 급등하더라도 5일선에 비해 상대적으로 적은 폭의 상승 추이를 보여줄 테니까요. 즉 이동평균선이 포함하는 기간이 짧을수록 주가 변동에는 민감하게 반응하지만 추세를 판단하기에는 신뢰성이 떨어지고, 포함하는 기간이 길수록 신뢰성은 높지만 주가 변동에는 다소 둔하게 반응합니다.

상승 추세의 정배열과 하락 추세의 역배열

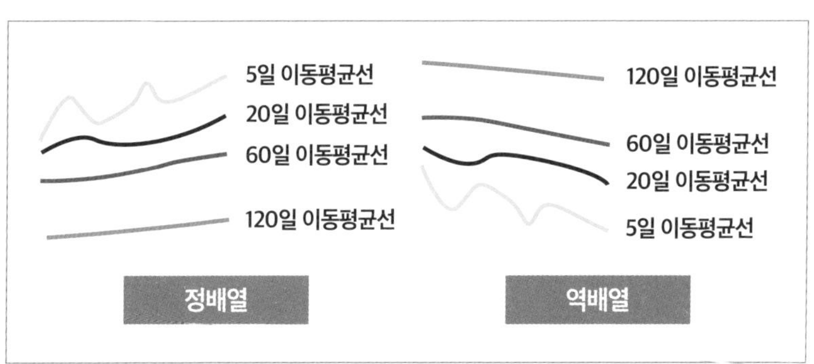

이동평균선을 활용한 정배열과 역배열 형태의 차트는 초보투자자들도 쉽게 판단할 수 있습니다. 정배열은 이동평균선이 위에서 아래로 단기선부터 장기선까지 순서대로 배열된 상태를 말합니다. 단기 이동평균선은 장기 이동평균선에 비해 주가에 민감하게 반응하니 이동평균선이 정배열의 형태를 보이면 주가의 상승 추세가 진행 중이라는 의미입니다. 정배열 형태의 주가는 한동안 지속적으로 상승할 확률이 높기 때문에 매수하려는 주식이 정배열에 접어들었다면 투자자들은 이를 좋은 매수 신호로 받아들입니다.

하지만 이동평균선이 정배열의 형태라고 해서 무조건 상승하는 것은 아닙니다. 정배열과 역배열은 단기적인 주가를 예측할 때 그 신뢰성이 높긴 하지만 추세는 언제든지 전환될 수 있기 때문에 상승하지 않을 수도 있습니다. 그럼에도 관심을 가지고 있는 주식을 매수할 때 상승 추세에 접어든 것을 눈으로 확인하고 매매한다면 투자 성공률을 조금 더 높일 수는 있겠죠.

역배열은 이동평균선이 위에서 아래로 장기선부터 단기선의 순으로 배열된 상태를 말합니다. 역배열은 정배열과 반대로 주가가 꾸준히 하락하고 있고 앞으로도 하락할 확률이 높다는 의미입니다. 투자자들이 자주 하는 실수 중 하나가 주가가 급락한 후에는 다시 회복될 수 있다고 판단해 무작정 매수하는 것인데 이런 주식들은 대부분 역배열의 형태를 보여 매수 이후에도 계속 하락할 확률이 높습니다.

많은 투자자들이 "항상 내가 사기만 하면 떨어지더라"라고 말하지만 이는 그 선후 관계를 잘못 파악하고 하는 말입니다. 내가 주식을 사서 하락한 것이 아니라 현재까지 하락하고 있었고 앞으로도 하락할 확률이 높은 주식을 샀기 때문에 발생한 손실임을 인지해야 합니다. 만약 관심을 두고 있는 주식의 차트가 역배열의 형태를 띠고 있다면 하락 추세가 상승 추세로 전환될 때까지 투자를 보류하고 관망해야 합니다.

이동평균선을 활용한 골든크로스와 데드크로스

투자자라면 골든크로스와 데드크로스라는 말을 한 번쯤은 들어보셨을 겁니다. 골든크로스와 데드크로스는 주가를 예측하고 분석하는 데 쓰이는 기술적 지표 중 하나입니다.

앞서 이동평균선의 정배열과 역배열에 대해 알아보았습니다. 이때 주가의 상승 추세를 확인할 수 있는 정배열의 시작 구간을 미리 예측해 매매한다면 큰 시세차익을 얻을 수 있겠죠. 그렇기 위해서는 먼저 정배열의 시작 지점을 눈으로 쉽게 확인할 수 있어야 합니다. 이런 매매 신호를 간단하게 포착할 수 있는 것이 바로 골든크로스입니다. 투자자들은 골든크로스를 매수 신호로 여깁니다.

반대로 역배열이 시작되는 구간을 포착할 수 있다면 우리는 투자 손실을 최소화할 수도 있습니다. 본격적인 하락 이전에 주식을 매도한다면 더 큰 손실을 방지할 수 있기 때문이죠. 역배열이 시작되는 구간도 눈으로 확인할 수 있는데 이 구간을 데드크로스라고 하고, 투자자들은 이를 매도 신호로 해석합니다.

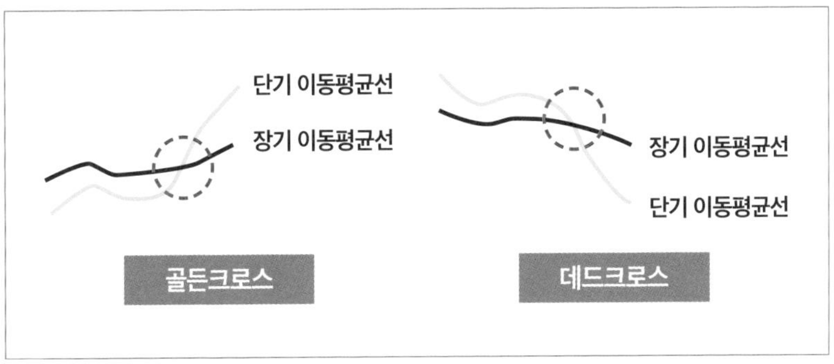

주가 상승의 신호가 되는 골든크로스 

골든크로스는 단기 이동평균선이 장기 이동평균선을 교차해 상향 돌파하는 시점을 말하는데 현재의 주가가 강하게 반등해 상승 추세로 접어들었음을 알리는 매수 신호입니다. 단기 이동평균선은 5일선이 될 수도 있고 20일선이 될 수도 있지만 중요한 점은 단기 이동평균선이 장기 이동평균선을 뚫고 상승한다는 점입니다. 즉 5일선이 20일 이동평균선을 상향 돌파하거나 20일선이 60일 이동평균선을 상향 돌파하는 것은 골든크로스라고 할 수 있지만 60일선이 20일 이동평균선을 상향 돌파하는 것은 골든크로스가 아니라는 의미죠.

앞서 이동평균선은 포함하는 기간이 짧을수록 주가에 민감하게 반응한다고 했으니, 상승 추세 차트를 보면 최근 이동평균선의 골든크로스 지점이 있었음을 알 수 있습니다. 즉 골든크로스는 현재의 주가가 상승하려 한다는 것을 의미하기 때문에 투자자들은 이를 매수 신호로 판단합니다.

주가 하락의 신호가 되는 데드크로스

데드크로스는 골든크로스와 반대로 단기 이동평균선이 장기 이동평균선을 교차해 하향 돌파하는 시점을 말합니다. 5일선이 20일 이동평균선을 하향 돌파할 수도 있고 20일선이 60일 이동평균선을 하향 돌파할 수도 있습니다. 이동평균선이 서로 교차한다는 특징이나 추세 전환의 시작을 알린다는 기본 개념은 골든크로스와 다를 바 없지만 중요한 것은 골든크로스와 달리 단기 이동평균선이 장기 이동평균선을 하향 돌파함으로써 주가가 하락 추세에 접어들었음을 알린다는 점입니다. 데드크로스를 활용한다면 보유하고 있는 주식들이 하락할 때 손실을 최소화하거나 매수를 희망하는 주식의 매매 시점을 늦춰 조금 더 저렴한 가격에 주식을 매수할 수 있습니다.

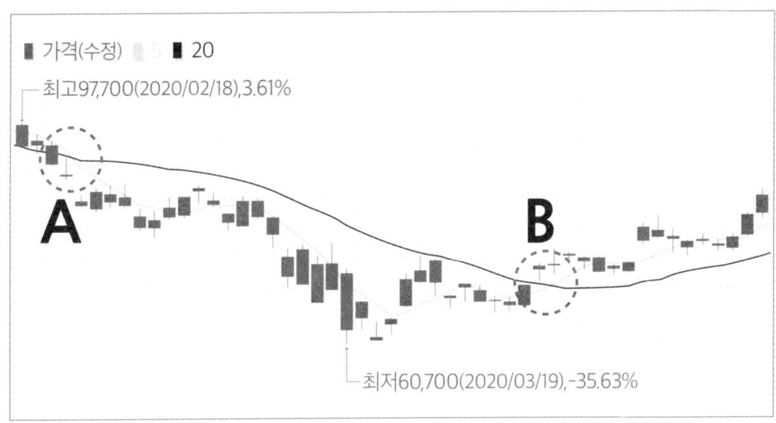

출처: 삼성증권 HTS '호텔신라' 일봉차트

A는 노란색의 5일 이동평균선이 검은색의 20일 이동평균선을 하향 돌파하는 데드크로스 시점을 표시한 구간입니다. 9만 원대의 주가는 데드크로스 구간을 지나 6만 원 부근까지 급락해 주주들에게 큰 손실을 안겼죠. 이때 데드크로스를 활용한 투자자라면 A 구간에서 보유하고 있는 주식을 매도해 손실을 최소화할 수 있었을 것입니다.

이후 주가는 계속 오르락내리락하며 파동을 그리다 5일 이동평균선이 20일 이동평균선을 상향 돌파하는 골든크로스 B 구간에 접어듭니다. 상승 추세의 시작을 알리는 시발점인 골든크로스를 보고 투자자들은 적극적으로 매수하기 시작합니다. 주가는 골든크로스 구간을 지나 꾸준히 상승하죠. 만약 골든크로스를 매매에 활용한 투자자가 있다면 B 구간에서 주식을 매수해 준수한 시세차익을 얻었을 겁니다.

골든크로스와 데드크로스가 꼭 정답은 아니다 

골든크로스와 데드크로스의 이해를 돕기 위해 단순한 형태의 차트를 예로 들었지만 실제 주가는 다양한 요인에 의해 언제든지 추세가 전환될 수 있기에 이 두 가지 지표만으로 주식을 매매하는 것은 바람직하지 못합니다. 골든크로스 구간에 접어들어 주가 상승을 기대하며 주식을 매수했지만 도리어 손실이 발생할 수도 있고, 데드크로스 구간에 접어들어 보유하고 있는 주식을 모두 처분했지만 아이러니하게도 주가가 상승하는 경우도 많습니다.

실제로 이동평균선 골든크로스와 데드크로스를 투자에 활용해보면 확률이 그리 높지 않음을 체감할 수 있습니다. 이동평균선을 포함한 모든 보조지표는 말 그대로 투자자의 트레이딩을 보조해줄 뿐, 투자 판단에 있어 확신할 수 있는 근거는 될 수 없습니다.

추세 분석, 마법의 지표 스토캐스틱

보조지표 중 하나인 스토캐스틱에는 '마법의 지표'라는 수식어가 붙습니다. 코로나19 시작과 함께 코스피지수는 1,400포인트까지 급락했다가 다시 반등하며 3천 포인트를 넘기는 그야말로 롤러코스터와 같은 흐름을 보였습니다. 하지만 불과 몇 년 전까지만 하더라도 한국 증시는 1,800~2,400포인트 사이에서 박스권을 형성해 오랜 시간 횡보했었습니다. 종합지수가 상승하지 못하고 꾸준히 횡보한다는 것은 투자자들이 수익을 내기 어렵다는 의미입니다. 이런 박스권 형태의 시장 속에서도 높은 적중률과 신뢰도를 자랑했던 보조지표가 바로 스토캐스틱입니다.

높은 신뢰도가 장점인 스토캐스틱

스토캐스틱(Stochastic Slow & Fast)은 최근 n일 동안의 최고가와 최저가의 범위 내에서 현재 가격의 위치를 백분율로 표시해 현재 주가가 단기적으로 높게 평가받고 있는지, 아니면 낮게 평가받고 있는지를 알아볼 수 있는 추세분석지표입니다. 무려 70년의 역사를 자랑하는 만큼 차트 해석의 신뢰도가 높다고 알려져 있죠. 스토캐스틱은 스토캐스틱 패스트(Stochastic Fast)와 스토캐스틱 슬로우(Stochastic Slow)로 나눌 수 있습니다. 스토캐스틱 패스트는 주가에 굉장히 민감하게 반응하기 때문에 실제 매매에 적용하기가 굉장히 까다로워, 대부분의 투자자는 실제 차트 분석에 스토캐스틱 슬로우를 사용합니다.

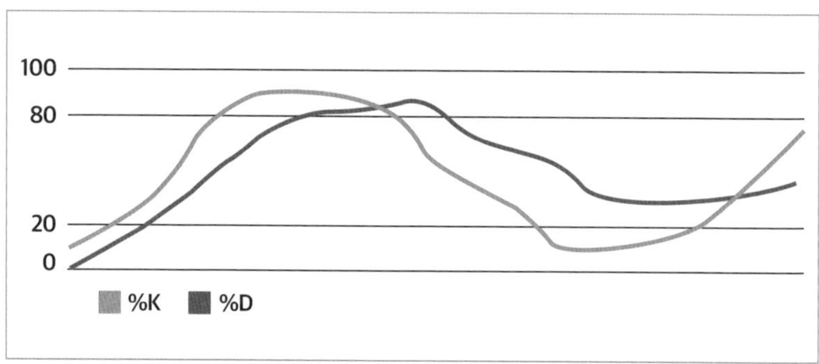

스토캐스틱 슬로우는 주가에 민감하게 반응하는 %K선과 다소 둔하게 반응하는 %D선으로 구분됩니다. %K선과 %D선은 현재의 주가 위치를 백분율로 표시해 나타내기 때문에 항상 0과 100 사이에서 등

락을 거듭합니다. 투자자들은 0과 100 사이에서 움직이는 2개의 선이 교차하는 지점을 보고 매매 신호를 포착하거나 특정 기준을 두고 매수 과열 구간인지 매도 과열 구간인지를 확인해 매매에 활용합니다.

스토캐스틱 슬로우 계산식

K={(당일 종가-최근 n일 동안의 최저가)/(최근 n일 동안의 최저가)}×100

※ %K: K를 n일간 지수이동평균한 값

※ %D: %K를 n일간 지수이동평균한 값

위는 스토캐스틱 슬로우의 계산식으로, 그냥 보기에도 복잡해 보입니다. 물론 보조지표를 활용하는 입장에서 계산식을 알고 있다면 좋겠지만 차트에 지표 설정을 한 번 해놓으면 HTS와 MTS가 자동으로 계산해 표시해주기에 구태여 계산식을 외울 필요는 없습니다.

스토캐스틱 슬로우 설정 방법

HTS와 MTS 모두 공통적으로 적용되는 방법입니다. 스토캐스틱 슬로우는 차트 설정을 통해 보조지표 또는 추세지표에서 쉽게 찾을 수 있는데 설정할 때 주의할 점이 있습니다. 바로 '변수의 기간'입니다. 지표의 계산식에 n일간의 이동평균값이 들어가는 만큼 기간의 설정에 따라 %K선과 %D선의 위치가 다르게 나타납니다. 같은 지표를 사용해도 설정값에 따라 전혀 다른 매매 신호가 나타날 수 있다는 의미죠.

기간은 보편적으로 (5-3-3)과 (10-5-5)를 많이 사용합니다. 스토캐스틱 슬로우 값을 (5-3-3)으로 적용한다는 것은 최근 5일간의 최고점과 최저점을 이용해 구하되 K를 3일간 지수 이동 평균해서 산출한 %K를, 다시 3일간 지수 이동 평균해서 %D를 구한다는 의미입니다.

산출 기간을 (5-3-3)으로 짧게 설정하면 매매 신호를 빠르게 포착할 수 있는 반면 주가에 민감하게 반응해 신뢰도가 낮습니다. 반대로 기간을 (10-5-5)로 설정하면 매매 신호는 다소 늦지만 신호의 신뢰도가 상승합니다. 투자가 처음인 분들이라면 포함하는 기간이 길어 조금 더 완만한 곡선을 가진 (10-5-5)로 설정하는 것이 좋습니다.

스토캐스틱 슬로우를 매매에 활용하기

스토캐스틱지표를 투자에 활용하는 방법은 크게 두 가지가 있습니다. 첫 번째는 %K선이 %D선을 상향 돌파하는 골든크로스 지점과 %K선이 %D선을 하향 돌파하는 데드크로스 지점을 확인해 매매에 활용하는 방법입니다.

앞서 단기 이동평균선이 장기 이동평균선을 상향 돌파하는 시점을 골든크로스라고 했는데 교차의 기준이 왜 단기 이동평균선인지 의문이 드는 독자도 있을 것입니다. 그 이유는 이동평균선이 포함하는 기간이 짧으면 짧을수록 주가 변동에 민감하게 반응하기 때문입니다. 만약 어떤 주식의 가격이 1천 원 상승했다면 5일 이동평균선은 1/5인 200원 만큼 상승하지만, 20일 이동평균선은 1/20인 50원만 상승합니다.

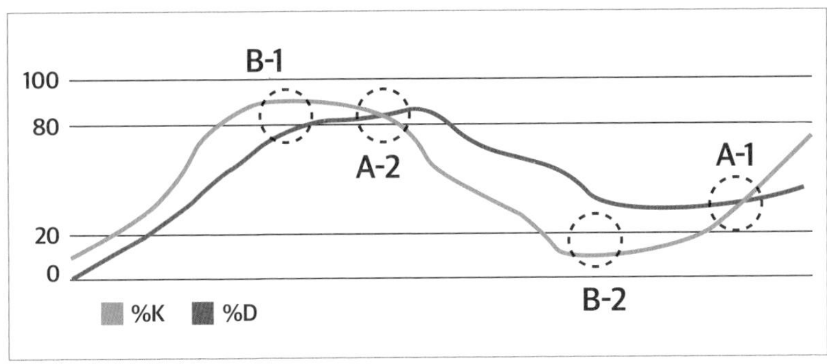

이런 특징은 스토캐스틱에도 동일하게 적용되는데 %K선과 %D선 둘 중 주가에 민감하게 반응하는 선이 기준이 됩니다. %K선과 %D선 중 주가에 민감하게 반응하는 것은 %K선입니다. 투자자들은 %K선이 %D선을 상향 돌파하는 A-1 지점(골든크로스)을 매수 신호로, %K선이 %D선을 하향 돌파하는 A-2 지점(데드크로스)을 매도 신호로 해석할 수 있습니다.

두 번째 방법은 지표의 기준선을 보고 과매수 구간과 과매도 구간을 판단해 매매에 활용하는 방법입니다. 우리는 앞에서 스토캐스틱은 현재 주가의 위치를 백분율로 표시하기 때문에 항상 0과 100 사이에서 등락을 거듭한다고 배웠습니다. 따라서 매도 세력이 우위를 점해 주가가 하락하면 %K선은 0%에 가까워지고 반대로 매수 세력이 우위를 점해 주가가 상승하면 %K선은 100%에 가까워집니다. 즉 지표가

0%에 가까울수록 과매도 구간이니 단기적인 주가가 저평가받고 있다고 볼 수 있고, 100%에 가까울수록 과매수 구간이니 단기적인 주가는 고평가받고 있다고 해석할 수 있습니다.

이때 주가가 과매수 구간인지 과매도 구간인지를 판단할 수 있는 기준이 필요합니다. 그 기준은 80%와 20%의 값으로 B-1은 %K선이 80%보다 높으니 현재의 주가가 과열된 상태라고 볼 수 있습니다. 투자자들은 이를 매도 신호로 받아들이죠. 반대로 B-2처럼 %K선이 20% 아래에 있으면 투자자들은 현재의 주가가 과매도 구간에 접어들었다고 판단해 매수 시점으로 인식합니다.

스토캐스틱 슬로우 기초 활용	
매수	%K선이 %D선을 상향 돌파
	%K선이 20% 이하일 때
매도	%K선이 %D선을 하향 돌파
	%K선이 80% 이상일 때

이처럼 스토캐스틱은 %K와 %D가 서로 교차하는 지점이나 %K의 위치에 따라 특정 기준을 활용해 매매 신호를 포착할 수 있지만 어떠한 기준도 정답이라고 할 수는 없습니다. 대부분의 투자자가 기준으로 두고 있는 지점이 20%와 80%이지만, 경우에 따라 30%와 70%로 사용할 수도 있고 극단적일 때는 10%와 90%도 사용할 수도 있습니다. 또한 50%를 기준으로 두고 %K선과 %D선 모두 50% 아래에서 골든

크로스가 발생했을 때를 매수 신호로 받아들인다거나 단순히 %K가 50%를 상향 돌파하는 지점을 매수 신호로 받아들이기도 합니다.

지표의 활용 방법은 무궁무진하니 차트를 들여다보며 본인에게 적합한 활용 방식을 찾는 것이 가장 중요합니다.

추세의 강도를 알 수 있는 RSI

RSI(Relative Strength Index, 상대강도지수)는 추세의 강도를 파악하는 보조지표입니다. 스토캐스틱이 일정 기간 동안 주가의 평균을 활용해 추세를 분석했다면 RSI는 일정 기간 동안 주가의 변동폭 사이에서 상승폭과 하락폭을 서로 비교함으로써 주가 움직임의 강도를 측정해 백분율로 나타냅니다. 쉽게 말하면 주가가 상승 추세에 접어들었을 때 얼마나 강한 힘을 받아 상승하고 있는지, 하락 추세일 때는 얼마나 강한 힘을 받아 하락하고 있는지를 알려주는 추세지표라고 할 수 있습니다.

주식투자는 기본적으로 싸게 사서 비싸게 팔았을 때 발생하는 시세차익을 목표로 하지만 싸게 사는 것, 즉 주가의 저점을 잡아낸다는 것은 신이 아니고서야 사실상 불가능한 일이죠. 그래서 투자자들은 다양한 보조지표들을 활용해 차트의 흐름을 분석하고 주가의 저점을 예측하는데 RSI는 추세의 강도를 표시해 나타내므로 추세전환 시점을 예측한다는 점에서 신뢰성이 높은 지표로 알려져 있습니다.

RSI 계산식

RSI=100-100/(1+RS)

※ RS=n일간의 종가 평균 상승폭/n일간의 종가 평균 하락폭

※ 기본 설정 기간: 14일

RSI를 차트에 설정하는 방법

앞서 설명했던 스토캐스틱과 동일하게 HTS, MTS 모두 적용되는 방법입니다. 지표 자체는 차트 설정에 들어가 보조지표 또는 추세지표에서 쉽게 찾을 수 있습니다. RSI를 추가했다면 포함 기간과 시그널의 변수값을 설정해야 하는데 기간은 (14), 시그널은 (0)으로 설정하는 것이 편리합니다. 과거에는 시그널을 (6) 또는 (9)로 설정해 RSI선과의 교차 지점을 보고 매매 신호를 포착하는 데 사용했으나 최근에는 사실상 시그널을 사용하고 있지 않기 때문에 (0)으로 설정해도 무방합니다.

시그널의 변수값을 (0)으로 설정했다면 차트에 나타나는 지표에는

RSI선만 표시됩니다. 기준선의 값은 투자자의 매매 성향에 따라 차이가 있지만 보편적으로는 70%와 30%를 사용합니다.

실전에서 RSI 활용하기

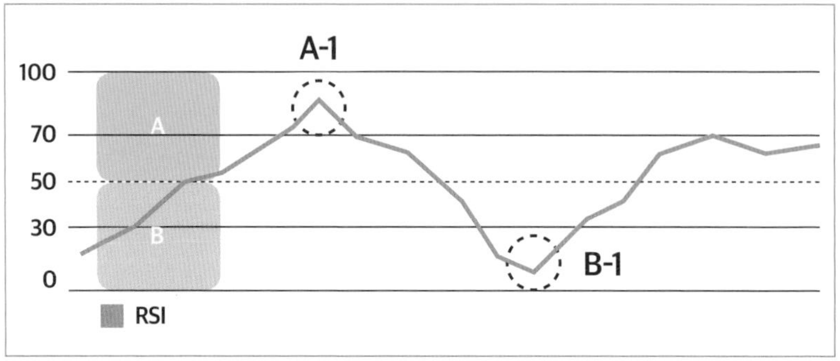

RSI를 차트에 설정했다면 위와 같은 형태의 지표를 볼 수 있습니다. 지표를 활용할 때 참고해야 할 점은 기준선 30%, 70%와 함께 50%도 활용해야 한다는 것입니다. RSI의 계산식에 따라 현재의 주가가 14거래일 이전의 주가와 동일하다면 RSI선은 정확하게 50%에 위치하는데 이는 14일 동안 매수 세력과 매도 세력이 팽팽한 힘겨루기를 했다는 의미로 해석할 수 있습니다.

따라서 50%를 기준으로 RSI선이 위에 있다면 현재의 주가가 14거래일 이전의 주가보다 높다는 뜻입니다. RSI선이 A 구간에 있다면 최근 14거래일 동안 매수 세력이 우위를 점했다고 볼 수 있습니다. 반대로 RSI선이 50% 아래에 있으면 현재 주가가 14거래일 이전의 주가보다 낮다는 뜻으로, RSI선이 B 구간에 있다면 최근 14거래일 동안 매도 세력이 우위를 점했음을 의미합니다. 이러한 원리를 이용해 투자자는 과매수 구간과 과매도 구간을 이해할 수 있는데, 이때 사용하는 선이 기준선 30%와 70%입니다.

스토캐스틱 슬로우에서 %K선과 기준선을 활용한 방식을 RSI에도 동일하게 적용시킬 수 있습니다. RSI선이 70%보다 높은 A-1 구간에 진입했다면 최근 14거래일 동안 주가가 급격히 상승한 결과라고 볼 수 있습니다. 주가가 단기간 높은 상승을 보였다면 다시 하락할 확률이 높다고 판단되기에 투자자들은 RSI선이 A-1 구간에 진입한 시점이나 A-1 구간에서 기준선 70%를 하향 돌파하는 순간을 매도 신호로 해석합니다. 반대로 RSI선이 30%보다 낮은 B-1 구간에 진입했다면 최근 14거래일 동안 주가가 과도하게 하락했다는 뜻이니 RSI선이 B-1 구간까지 하락한 시점이나 B-1 구간에서 30% 기준선을 상향 돌파하는 순간을 매수 신호로 해석하죠.

RSI 기초 활용	
매수	RSI선이 30%보다 낮은 경우
	RSI선이 30%를 상향 돌파
매도	RSI선이 70%보다 높은 경우
	RSI선이 70%를 하향 돌파

RSI의 기초 활용법에 대해 이해했다면 기준선 50% 위아래에서 주가의 추세를 파악하는 방법도 익히면 좋습니다. RSI선이 70% 이상인 과매수 구간(A-1)에 진입한 이후 주가가 하락해 70%를 하향 돌파했지만 50% 아래까지는 내려가지 않고 다시 반등하는 경우에는 상승 추세가 유지되고 있는 것입니다. RSI선이 50% 이상에서 횡보하고 있다면 14거래일 이전의 주가에 비해 계속해서 상승하고 있다는 뜻이기 때문에 매수 세력이 꾸준한 우위를 점한다고 볼 수 있습니다. 매수 세력이 더 강한 힘을 발휘하고 있다면 당연히 주가에는 긍정적인 영향을 미치고, 이런 현상이 반복된다면 주가는 큰 폭으로 상승할 확률이 높습니다. 즉 50%의 기준선이 지지선의 역할을 하는 것이죠.

반대로 RSI선이 30% 아래인 과매도 구간(B-1)에 진입한 후 50%까지 상승하지 못하고 B 구간에서만 횡보하고 있다면 하락 추세가 유지되고 있음을 나타내니 주가는 추가로 하락할 확률이 높습니다. 만약 매수하려는 주식의 RSI가 0~50% 사이에서 횡보하는 형태를 보인다면 추세가 전환될 때까지 관망하는 것이 좋습니다.

95%의 정확도, 볼린저밴드

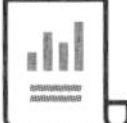

볼린저밴드(Bollinger Bands)는 대부분의 주가는 이동평균선을 중심으로 일정 범위 안에서 등락을 거듭한다는 전제하에 만들어진 변동성 지표로 20세기 미국의 재무분석가였던 존 볼린저가 개발했습니다. 존 블린저는 평균값에서 ±2표준편차를 적용하면 95.44%의 표본값이 존재한다는 것에서 착안해 '주가의 흐름도 똑같은 통계 범위 안에서 움직인다'는 가설을 세웠고 이를 증명하기 위해 볼린저밴드를 만들었습니다. 통계학의 범위 특성을 차트에 대입한 셈이죠.

볼린저밴드는 중심선(이동평균선), 상한선(+2표준편차), 하한선(-2표준편차) 3개의 선으로 이루어져 있습니다. 상한선과 하한선은 중심선을 기준으로 ±2표준편차를 적용했기 때문에 주가는 95%의 확률로 볼린저밴드의 상한선과 하한선 사이에서 등락을 거듭하게 됩니다. 이를 통해 주가 흐름을 미리 예측할 수 있어 볼린저밴드를 활용한다면 차트를 분석할 때 큰 도움이 됩니다.

볼린저밴드 계산식

중심선 = n일 이동평균
상한밴드 = n일 단순이동평균 + 2× 표준편차
하한밴드 = n일 단순이동평균 - 2× 표준편차

※ 기본설정 값(n) = 20일

볼린저밴드를 차트에 설정하는 방법

볼린저밴드를 지표에 설정할 때는 중심선(이동평균선)의 기간과 표준편차 승수를 함께 설정해야 합니다. 일반적으로 중심선의 기간은 20일이 기준이고, 표준편차 승수는 (2)를 적용합니다. 볼린저밴드의 값을 설정한 후 바로 차트에 적용시키면 기간별 이동평균선들과 밴드의 상·하한선 구분이 모호하기 때문에 밴드의 중심선, 상한선, 하한선의 두께를 조금 더 굵게 해주는 것이 좋습니다.

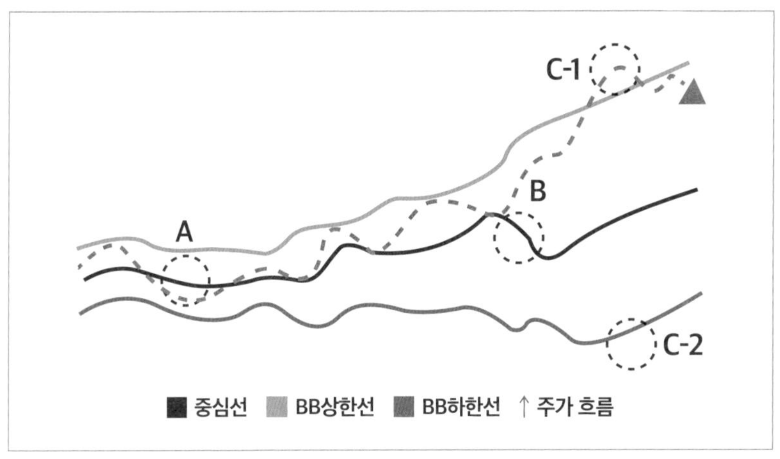

차트에 위와 같은 형태의 지표가 적용되었다면 이제 볼린저밴드의 특징과 이를 활용해 지표를 해석하고 매매에 활용하는 법에 대해 이해해야 할 차례입니다.

볼린저밴드의 매매기법

❶ 밴드의 폭은 주가가 횡보하는 구간에서 좁아지고 주가가 급변하는 순간에는 넓어지는데 모든 주가의 흐름은 이와 같은 패턴이 반복된다.

❷ 중심선은 주가가 상승 추세일 때는 지지 역할을, 하락 추세일 때는 저항 역할을 한다.

❸ 상한선과 하한선을 강하게 이탈한 주가는 다시 밴드 안으로 들어오려는 성질이 있다.

모든 주가는 변동폭이 축소된 채 횡보할 수도 있고 변동폭이 확대되어 심하게 요동칠 수도 있습니다. 만약 주가가 큰 등락 없이 횡보하는 A 구간에 있다면 표준편차 범위가 좁아져 밴드의 폭도 같이 좁아지는데 이를 '밀집 구간'이라고 합니다. 밴드의 상한선과 하한선 사이의 차이가 줄어들었다는 뜻이죠. 밴드는 좁아지고 넓어지는 패턴이 반복되기 때문에 밀집 구간으로 접어든 밴드는 다시 확대되기 마련입니다. 주가가 밀집 구간(A)을 지나 상한선을 돌파하는 순간이 온다면 상승 추세의 진입, 매수 신호로 볼 수 있고, 반대로 밀집 구간(A)에서 하한선을 이탈하게 되면 하락 추세의 시작으로 판단해 매도 신호로 볼 수 있습니다.

이처럼 횡보하던 주가가 상승, 하락 형태의 추세로 전환되면 중심선의 활용이 가능해집니다. 상승 추세에 접어들어 상단 밴드에 머무르던 주가는 중심선인 B가 지지선 역할을 해주어 주가가 단기간 하락하더라도 중심선(B)을 이탈하지 않는 한 상승 추세가 지속되고 있다고 볼 수 있습니다. 하지만 상단 밴드에 있던 주가가 중심선(B)을 하향 돌파한다면 하락 추세로의 전환을 암시하니 투자자들은 가지고 있는 주식을 처분하는 전략을 취할 수 있습니다.

주가가 중심선을 하향 돌파한 후 하락 추세에 접어들었다면 중심선의 역할이 지지선에서 저항선으로 바뀝니다. 중심선 아래에 머무르며 꾸준히 하락하던 주가가 중심선을 계속 터치하는 것이죠. 만약 주가가 하단 밴드에 머무르며 중심선을 상향 돌파하는 순간이 온다면 이는 상승 추세로 전환된다는 의미이기 때문에 매수 신호로 해석해야 합니다.

앞에서 볼린저밴드는 95.44%라는 통계적 확률을 바탕으로 만든 보조지표라고 했습니다. 이를 반대로 해석하면 주가가 밴드를 이탈할 확률이 약 5%라는 결론이 나옵니다. 여기서 우리는 '밴드를 벗어난 주가는 어떻게 될까?'라는 의문을 가질 수 있습니다. 5% 확률로 밴드를 이탈한 주가는 다시 밴드 안으로 돌아오려는 성질을 가지고 있습니다. 이것은 표준편차 범위를 벗어난 과도한 매매 구간으로, 상단 밴드에 머물던 주가가 상한선을 강하게 돌파한 C-1 구간에 진입했다면 1~2거래일 사이에 단기적인 하락이 발생할 확률이 높습니다. 그래서 단기매매를 선호하는 투자자들은 이를 매도 신호로 봅니다. 반대로 하단 밴드에 머무르던 주가가 하한선을 강하게 이탈해 C-2 구간에 진입했다면 단기적인 매수 신호로 해석합니다.

볼린저밴드 기초 활용	
매수	주가가 밀집 구간을 지나 상한선을 돌파
	주가가 중심선을 상향 돌파
매도	주가가 밀집 구간을 지나 하한선을 돌파
	주가가 중심선을 하향 돌파

95%의 확률이라는 달콤한 말에 볼린저밴드를 맹신하는 투자자들이 많습니다. 하지만 볼린저밴드 역시 스토캐스틱, RSI와 마찬가지로 투자자들의 트레이딩을 보조해주는 기술적 지표에 불과하기 때문에, 순간의 잘못된 해석으로 큰 손실이 발생할 수 있음을 명심해야 합니다.

CHAPTER 5

기업의 본질은 재무제표에 있소

어렵기만 한 재무제표, 정말 중요할까?

기업의 재무제표는 투자자들에게 다양한 신호를 주고 있다는 사실을 알고 계신가요? 한국 증시에 상장되어 있는 기업들의 주가는 종합주가지수의 등락, 정부의 정책 변화, 대규모 투자, 특정 테마에 대한 기대감, 환율과 금리의 변동 등의 요인에 의해 등락을 반복하지만 기업의 본질적인 가치는 기업의 실적이나 재무 상태가 기록된 재무제표에 있다고 할 수 있습니다.

주식투자란 것은 기업의 미래가치가 상승할 것이라고 예상해 내가 가진 자금으로 해당 기업의 주식을 매수해 미래의 수익을 목표로 하는 행위이기 때문에 성공적인 투자를 위해시라면 기업의 재무 상태와 실적을 고려해야 하는 것은 당연한 일입니다. 우리는 미래의 실적을 확인할 수는 없으니 과거와 현재의 실적과 재무 상태를 토대로 현재의 가치가 적정 수준인지를 판단해야 하는 것이죠.

재무제표의 중요성

우리가 열심히 일해 드디어 내 집 마련을 할 수 있을 만큼의 돈을 모았다고 생각해봅시다. 동네에 있는 부동산이란 부동산은 모두 돌아다니며 괜찮은 집을 찾았습니다. 주변 인프라도 괜찮고 최근 몇 년 동안의 시세 추이를 보니 집값도 꾸준히 오르는 것 같고 근처 땅값이 더 오른다는 소문까지 들려옵니다. 집을 구매하기 좋은 조건이죠. 하지만 그렇다고 해서 이 집을 직접 보지도 않고 살 수 있을까요? 아무리 조건이 좋다고 해도 내가 살 집을 직접 보지도 않고 사려는 사람은 없을 겁니다.

주식투자도 같은 맥락으로 이해할 수 있습니다. 부동산의 시세 추이는 주식의 차트이며 인근 부동산의 매매 횟수는 주식에서의 거래량이라 할 수 있습니다. 집의 준공 연도, 내부 구조, 면적, 아파트 주차장 등은 재무제표라고 할 수 있죠. 이렇듯 주식투자의 시작이자 절대 빼놓을 수 없는 것이 기업의 재무제표입니다. 이를 통해 다양한 매매 신호를 알 수 있기 때문에 투자자라면 재무제표를 해석할 수 있는 안목을 길러야 합니다.

재무제표는 어디서 볼 수 있을까?

증권사의 HTS, MTS, 각종 포털 사이트에서도 공시를 통해 기업의 재무제표를 확인할 수 있지만 보다 상세한 내용을 알기 위해서는 '금융감독원 전자공시시스템(dart.fss.or.kr)'을 이용하면 됩니다.

전자공시시스템(DART)은 상장 법인 등이 제출한 공시 서류를 투자자를 포함한 모든 이용자들이 인터넷으로 기업의 공시 자료를 조회해 볼 수 있는 사이트로 기업들의 분기 보고서, 반기 보고서와 같은 정기 공시는 물론 각종 공시들을 한눈에 볼 수 있습니다. 기업의 사업 보고서나 실적 공시를 처음 접하면 낯선 회계 용어들 때문에 어렵게만 느껴질 것입니다. 하지만 투자를 계속 하다 보면 기업들의 공시 자료를 자주 접할 수밖에 없으니 성공적인 투자를 위해서라도 꾸준히 들여다보는 습관을 길러야 합니다.

기업 평가의 기초가 되는 재무제표

투자하다 보면 사람들이 재무제표의 중요성에 대해 이야기하는 걸 볼 수 있습니다. 사람들이 중요하다고 하니 반신반의한 마음에 재무제표를 확인해봅니다. 그런데 재무제표 속 낯선 용어들과 빽빽한 숫자들은 머릿속을 어지럽게만 합니다.

재무제표는 기업의 '성적표'와도 같습니다. 학생들이 시험 점수가 적힌 성적표를 부모님께 보여주듯 기업들도 경영 실적이 적힌 성적표를 투자자에게 공개해야 합니다. 기업은 일정 기간 동안 얼마나 경영을 잘했는지, 얼마만큼의 이익을 창출했는지, 부채와 자본의 규모에 변동은 없었는지 등을 투자자에게 투명하게 알리는데, 이와 관련된 내용을 작성한 서류를 재무제표라고 합니다. 재무제표는 재무상태표, 손익계산서, 현금흐름표, 자본변동표 등으로 구성되어 있으며, 기업의 재무를 평가하는 가장 기초적인 자료이기 때문에 자료의 신뢰성이 높습니다.

재무제표의 시작인 재무상태표

과거 대차대조표로 불리던 재무상태표는 일정 시점을 기준으로 기업의 자산, 부채, 자본 등을 표시해놓은 자료입니다. 기업이 조달한 자금에는 투자자에게서 조달한 자본, 채권자에게 빌려온 돈, 영업수익 등이 있습니다. 여기서 투자자들에게 투자받은 자본금과 영업수익의 일부인 이익잉여금의 합을 재무제표상 '자본'이라 하고, 채권자에게 빌린 돈을 '부채', 자본과 부채를 합친 것을 '자산'이라고 합니다.

자산 = 자본 + 부채

예를 들어 아파트를 매입한다고 생각해봅시다. 내가 가진 돈 1억 원에, 은행에서 대출 받은 돈 2억 원을 합해 3억 원에 아파트를 매입했다면 나의 자본은 1억 원, 부채는 2억 원, 자산은 3억 원이 되죠. 기업의 자본, 부채, 자산도 이와 같은 맥락으로 이해할 수 있습니다.

투자자들은 재무상태표를 보고 기업의 자산, 자본, 부채 규모를 알 수 있습니다. 작년에 비해 자본이 얼마나 증가했는지, 부채는 얼마나 감소했는지 등은 물론, 자본과 부채의 규모를 서로 비교해 기업의 재무 안정성을 파악할 수 있죠. 재무상태표는 재무제표의 시작인 만큼 기업 재무에 관한 정보를 포괄적으로 담고 있습니다.

수익과 비용을 기록한 손익계산서

손익계산서는 기업의 수익, 처리 비용 등 경영 성과를 나타낸 자료입니다. 기업의 재무제표는 학생들의 성적표와도 같다고 했는데 가장 근접한 성격을 띠는 것이 손익계산서입니다. 손익계산서에는 일정 기간 동안 기업이 창출해낸 전체 매출은 물론, 영업이익, 순이익, 판매비와 관리비*, 법인세 등이 표시되어 있어 해당 기간 동안 얼마만큼의 수익이 발생했고 비용이 얼마나 지출되었는지를 알 수 있습니다. 여기서 말하는 수익이란 회사가 제품을 판매해 생긴 영업활동의 결과물이며 비용이란 판매비와 관리비, 광고 비용, 제품의 원가, 금융이자 등 사업 운영을 위해 지출한 돈을 말합니다.

* 판매비와 관리비: 급여, 마케팅 비용, 판매 수수료, 통신비, 교통비 등 기업의 제품 원가에 해당하지 않는 유지 영업 비용을 말한다.

손익계산서

제52기 3분기 2020.01.01. ~ 2020.09.30.

제51기 3분기 2019.01.01. ~ 2019.09.30.

(단위: 백만 원)

	제52기 3분기		제51기 3분기	
	3개월	누적	3개월	누적
수익(매출액)	47,801,234	125,793,273	42,204,911	117,392,980
매출원가	33,462,592	89,436,139	32,735,989	87,878,933
매출총이익	14,338,642	36,357,134	9,468,922	29,514,047
판매비와관리비	7,302,292	21,640,467	6,802,955	20,153,999
영업이익	7,036,350	14,716,667	2,665,967	9,360,048
기타수익	135,317	601,880	3,095,131	4,938,635
기타비용	234,086	635,077	101,796	440,249
금융수익	911,152	3,330,513	1,104,785	3,313,159
금융비용	923,386	3,317,428	977,630	2,925,982
법인세비용차감전순이익(손실)	6,925,347	14,696,555	5,786,457	14,245,611
법인세비용	1,655,252	3,598,288	1,200,567	2,507,924
계속영업이익(손실)	5,270,095	11,098,267	4,585,890	11,737,687
당기순이익(손실)	5,270,095	11,098,267	4,585,890	11,737,687
주당이익				
기본주당이익(손실) (단위: 원)	776	1,634	675	1,728
희석주당이익(손실) (단위: 원)	776	1,634	675	1,728

출처: 전자공시시스템 삼성전자 3Q20 분기 보고서

삼성전자의 2020년 3분기 보고서를 보면 2019년의 3분기에 비해 매출액과 영업이익, 순이익 모두 늘어 전년 동기에 비해 실적이 좋아졌음을 알 수 있습니다.

이처럼 손익계산서는 일정 기간 동안 기업의 경영 성과를 표시한 자료로 투자자들은 손익계산서를 보고 회사가 영업을 잘했는지, 작년과 비교했을 때 기업의 수익은 얼마나 늘었는지를 알 수 있죠. 가장 이상적인 손익계산서는 매출과 영업이익, 순이익이 꾸준히 늘고 혁신적인 방법을 통해 판관비(판매비와 관리비) 등의 지출을 줄여나가는 형태입니다.

기업의 가계부인 현금흐름표

현금흐름표는 기업의 현금 변동 사항을 기록한 재무자료로 일종의 가계부라고 생각하면 편합니다. 우리가 안정적으로 돈을 관리하기 위해 급여, 적금, 보험료, 통신비, 대출 등을 기록하는 것처럼 기업도 사업 유지, 자금의 유동성, 안정적인 재무 관리를 위해서 현금의 변동 사항을 기록합니다. 투자자들은 현금흐름표를 통해 기업의 현금 창출 능력, 투자 여부, 부채 상환 여부를 알 수 있습니다. 기업의 공통적인 목표가 영업활동을 통한 현금 창출이라고 할 수 있는 만큼 벌어들인 돈으로 재투자를 하는지 부채를 갚고 있는지도 파악해야 하죠.

기업의 현금흐름표는 크게 영업활동으로 인한 현금흐름, 투자활동으로 인한 현금흐름, 재무활동으로 인한 현금흐름으로 나눌 수 있습니다. 영업활동 현금흐름은 기업이 영업활동을 통해 벌어들인 직접적인 현금을 말하고 투자활동 현금흐름은 신규 사업에 투자하거나 기존에 영위하던 사업을 확장하는 등 미래가치를 창출해내기 위해 투자한 비용을 말합니다. 또 재무활동 현금흐름은 부채를 갚거나 자금을 조달하는 것을 말합니다. 물론 부채는 상황에 따라 늘어날 수도 있습니다.

현금흐름표

제52기 3분기 2020.01.01. ~ 2020.09.30.

제51기 3분기 2019.01.01. ~ 2019.09.30.

(단위: 백만 원)

	제52기 3분기	제51기 3분기
영업활동 현금흐름	24,802,533	12,895,344
영업에서 창출된 현금흐름	26,255,711	17,444,767
당기순이익	11,098,267	11,737,687
조정	18,290,978	10,225,453
영업활동으로 인한 자산부채의 변동	(3,133,534)	(4,518,373)
이자의 수취	356,569	470,687
이자의 지급	(124,292)	(230,733)
배당금 수입	102,402	4,586,880
법인세 납부액	(1,787,857)	(9,376,257)
투자활동 현금흐름	(19,430,166)	(4,537,058)
단기금융상품의 순감소(증가)	1,295,398	9,410,284
장기금융상품의 처분	0	300,000
기타포괄손익-공정가치금융자산의 처분	503	688
기타포괄손익-공정가치금융자산의 취득	(130,827)	(6,701)
당기손익-공정가치금융자산의 처분	0	1,889
종속기업, 관계기업 및 공동기업 투자의 처분	22,057	58,677
종속기업, 관계기업 및 공동기업 투자의 취득	(145,358)	(920,228)
유형자산의 처분	356,094	378,687
유형자산의 취득	(19,150,071)	(12,185,018)
무형자산의 처분	1,054	91
무형자산의 취득	(1,711,090)	(779,437)
사업결합으로 인한 현금유출액	0	(785,000)
기타투자활동으로 인한 현금유출입액	32,074	(10,990)
재무활동 현금흐름	(4,754,031)	(8,830,958)
단기차입금의 순증가(감소)	2,562,797	(1,527,098)
사채 및 장기차입금의 상환	(102,813)	(89,918)
배당금의 지급	(7,214,015)	(7,213,942)
외화환산으로 인한 현금의 변동	376	596
현금및현금성자산의 순증감	618,712	(472,076)
기초의 현금및현금성자산	2,081,917	2,607,957
기말의 현금및현금성자산	2,700,629	2,135,881

출처: 전자공시시스템 삼성전자 3Q20 분기 보고서

우리가 재무제표를 볼 때 괄호 안에 표시된 금액은 마이너스, 즉 음수를 뜻합니다. 삼성전자의 2020년 3분기 현금흐름표를 살펴보면 영업활동 현금흐름이 양수, 투자활동과 재무활동 현금흐름이 음수인 것을 알 수 있습니다. 이는 영업활동을 통해 수익을 창출해내고 미래를 위한 지속적인 투자활동과 부채 상환이 이루어진 이상적인 현금흐름입니다. 반대로 영업활동을 통한 수익이 음수이고 투자도 하지 않아 투자활동 현금흐름이 양수, 부채가 늘어나 재무활동 현금흐름도 양수로 표시되었다면 기업의 경영 상태가 악화되었다는 의미입니다. 이러한 흐름이 지속된다면 기업의 재무 상태가 불안정해져 정상적인 주식거래에 문제가 발생할 수 있으니 투자에 주의해야 합니다.

일정 기간의 자본 변화를 알 수 있는 자본변동표

자본변동표는 일정 시점뿐만 아니라 일정 기간 기업의 자본에 어떤 변화가 있었는지를 표시한 재무자료입니다. 과거의 재무제표는 기업의 자본에 대한 내용이 어느 시점만을 기준으로 나와 있어 자본에 어떤 변화가 있었는지는 구체적으로 제시하지 못했습니다. 이 때문에 투자자들이 기업의 자본 변동 내용을 알기 위해서는 재무제표를 하나하나 확인하며 비교해야 하는 불편함이 있었죠. 이러한 번거로움을 해결하고자 2007년부터 도입한 것이 오늘날의 자본변동표입니다.

자본변동표

제73기 3분기 2020.01.01.~ 2020.09.30.

제72 기3분기 2019.01.01.~ 2019.09.30.

(단위: 백만 원)

	자본					
	자본금	자본잉여금	기타자본	기타 포괄 손익누계액	이익잉여금	자본 합계
2019.01.01.(기초자본)	3,657,652	4,183,564	(2,506,451)		40,326,128	45,660,893
분기순이익					1,740,198	1,740,198
확정급여제도의 재측정요소					(16,406)	(16,406)
파생금융상품 평가손익						
배당금 지급					(1,026,003)	(1,026,003)
주식선택권 부여			1,263			1,263
2019.09.30.(기말자본)	3,657,652	4,183,564	(2,505,188)		41,023,917	46,359,945
2020.01.01.(기초자본)	3,657,652	4,183,564	(2,504,713)	12,753	40,694,965	46,044,221
분기순이익					2,783,848	2,783,848
확정급여제도의 재측정요소					(13,572)	(13,572)
파생금융상품 평가손익				(10,746)		(10,746)
배당금 지급					(684,002)	(684,002)
주식선택권 부여			1,186			1,186
2020.09.30.(기말자본)	3,657,652	4,183,564	(2,503,527)	2,007	42,781,239	48,120,935

출처 : 전자공시시스템 SK하이닉스 3Q20 분기보고서

자본변동표는 자본금, 자본잉여금, 이익잉여금, 기타 포괄 손익누계액, 자본 조정 등의 항목으로 구성되어 있으며 회계 시점을 기준으로 이전 자본변동표와 같이 표시되어 기업의 자본에 어떠한 변화가 있었는지를 비교할 수 있습니다.

매출액, 영업이익, 순이익의 차이를 알아보자

투자해본 적 없는 사람에게 매출액과 영업이익, 순이익의 차이를 설명하라고 하면 선뜻 말하지 못합니다. 투자자라도 정확한 의미를 모르는 경우가 많습니다. 기업의 매출, 영업이익, 순이익은 재무제표의 기본이 되고 기업의 실적에서 가장 중요한 요소들이니 투자자라면 당연히 그 의미를 알아야 합니다. 지금부터 함께 알아보도록 하겠습니다.

손익계산서

제53기 1분기 2021.01.01. ~ 2021.03.31.

제52기 1분기 2020.01.01. ~ 2020.03.31.

(단위: 백만 원)

	제53기 1분기		제52기 1분기	
	3개월	누적	3개월	누적
수익(매출액)	45,042,390	45,042,390	40,087,939	40,087,939
매출원가	33,137,562	33,137,562	29,720,949	29,720,949
매출총이익	11,904,828	11,904,828	10,366,990	10,366,990
판매비와관리비	7,459,352	7,459,352	7,334,647	7,334,647
영업이익	4,445,476	4,445,476	3,032,343	3,032,343
기타수익	1,357,247	1,357,247	246,369	246,369
기타비용	48,980	48,980	162,920	162,920
금융수익	920,764	920,764	1,619,269	1,619,269
금융비용	857,151	857,151	1,647,433	1,647,433
법인세비용차감전순이익(손실)	5,817,356	5,817,356	3,087,628	3,087,628
법인세비용	1,269,752	1,269,752	781,697	781,697
계속영업이익(손실)	4,547,604	4,547,604	2,305,931	2,305,931
당기순이익(손실)	4,547,604	4,547,604	2,305,931	2,305,931
주당이익				
기본주당이익(손실) (단위: 원)	669	669	339	339
희석주당이익(손실) (단위: 원)	669	669	339	339

출처:전자공시시스템 삼성전자 손익계산서 1Q21

기업가치를 판단하는 기초지표 매출액

매출액이란 기업이 주요 영업활동을 통해 얻는 수익으로 상품을 판매해 실현된 금액을 말합니다. 여기서 중요한 것은 '주요 영업활동'입니다. 기업의 수익에는 주요 사업을 제외하고 금융이자수익, 배당수익, 부동산 임대료, 유가증권 처분 이익, 외환 차익 등이 있지만 이들은 주요 영업활동으로 얻은 수익이 아니기 때문에 재무제표상 매출액에는 포함되지 않습니다. 삼성전자에서 반도체나 가전 제품 등의 전자 제품을 생산하고 판매하는 일은 주요 영업활동이지만, 금융이나 부동산과 관련된 활동을 주요 영업활동이라고 보기는 어렵기 때문입니다.

이해를 돕기 위해 귀여운 곰 인형과 토끼 인형을 제작해 파는 DY문구가 있다고 가정해봅시다. DY문구는 2개의 공장을 가지고 있지만 하나의 공장에서만 인형을 생산합니다. 다른 공장은 임대를 주고 있으며 임대료로 받은 수익은 은행에 저금해 이자를 받고 있습니다.

DY문구 이익 항목		
구분	상품	금액
주요 영업활동	곰 인형	1억 원
	토끼 인형	5천만 원
영업 외 활동	임대료	3천만 원
	은행이자	100만 원
매출액	1억 5천만 원	

표를 보면 1년 동안 곰 인형 1억 원, 토끼 인형 5천만 원, 공장 임대료 3천만 원, 은행이자 100만 원의 수익이 발생했습니다. 그로 인해 총 매출이 1억 8,100만 원이라 생각할 수 있지만 재무제표상 매출액은 1억 5천만 원만 표기됩니다. DY문구의 주요 사업은 인형을 생산해 판매하는 것이기 때문이죠. 이렇듯 재무제표상 매출액은 기업의 영업 외 활동을 제외하고 주요 영업활동으로 벌어들인 금액만 표기해 기업의 근본적인 사업가치를 판단하는 기초지표라 할 수 있습니다.

영업활동을 통해 얻는 영업이익

영업이익은 기업이 주요 영업활동을 통해 얻게 된 이익으로, 매출액에서 매출원가와 판매비, 관리비를 뺀 이익을 말합니다. 간단하게 설명하자면 매출액에서 원가와 인건비, 관리비 등을 제외한 근본적인 사업수익인 셈이죠. 따라서 제품 홍보 등의 마케팅 비용, 인건비, 각종 관리비, 원자재 매입에 큰 비용이 들어갔다면 영업이익은 적자가 날 수도 있습니다.

상장 기업들은 일정한 기간마다 실적을 발표하기 때문에 투자자들은 영업이익을 통해 회사가 얼마의 수익을 창출했는지를 알 수 있습니다. 한 해의 영업이익이 전년보다 늘었다면 기업이 성장하고 있고 주주의 배당에 대한 기대감도 상승시키기 때문에 주가에는 호재로 작용합니다. 투자자들은 기업의 흑자와 적자를 주요 영업활동으로 발생한 영업이익을 보고 판단하기 때문에 영업이익은 투자에 중요한 지표라 할 수 있습니다.

하지만 영업이익이 늘었다고 해서 무조건적인 호재로 받아들이기는 힘듭니다. 예를 들어 인건비를 아끼기 위해 대규모 구조조정에 들어갔다거나 경쟁사가 사업 유지 보수, 자연 재해 등의 이유로 일시적으로 영업활동을 중단함에 따른 반사이익을 누려 영업이익이 오르는 것은 1회성 비용이니 주가에는 큰 호재가 되지 못할 겁니다. 반대로 우수한 성능을 가진 신제품을 홍보하기 위해 마케팅 비용이 일시적으로 상승했다거나 시장의 수요를 충족하기 위해 대규모 시설 투자에 나서 영업이익이 감소했다면 상황에 따라 주가에 호재로 작용할 수도 있겠죠. 이렇듯 영업이익을 보고 호재와 악재를 판단하기 위해서는 먼저 영업이익이 왜 증감했는지를 살펴야 합니다.

실질적인 이익인 순이익

순이익은 말 그대로 사업활동에서 발생한 손익을 포함해 금융이자 수익과 비용, 회사 소유의 부동산수익과 비용, 법인세 등을 합산해 순수하게 남은 이익을 말합니다.

기업의 재무제표를 볼 때 순이익 앞에 '당기'라는 말이 따라오는데 여기서 말하는 당기란 일이 있는 바로 그 시기를 의미합니다. 삼성전자가 발표한 2021년 1분기의 '당기순이익'은 2021년 1분기에 발생한 순수한 이익을 말합니다. 순이익은 영업이익에서 영업과 관련이 없는 비용을 모두 제외하고 표시하기 때문에 영업이익보다 낮은 경우가 많습니다. 만약 순이익이 더 높은 경우라면 이는 금융이자, 부동산 매각 등 영업 외 활동을 통해 벌어들인 수익이 지출보다 크다고 해석할 수 있습니다.

영업이익과 순이익 중 뭐가 더 중요할까?

영업이익과 순이익 모두 중요하지만 투자자의 입장에서 굳이 하나를 꼽자면 영업이익이 더 중요하다고 볼 수 있습니다. 초보투자자들은 순이익이 곧 실질적인 이익이니 기업의 가치를 판단하기 위해서는 순이익을 확인해야 한다고 생각하지만, 기업의 주요 사업 역량이나 성장성을 판단하기 위해서는 주요 영업활동을 통해 벌어들인 이익만을 표시한 영업이익에 중점을 두어야 합니다. 영업이익이 전년 동기와 비교해 얼마나 성장했는지, 얼마나 감소했는지 등을 비교·분석해 투자 판단 시 활용할 수 있습니다.

기업의 성적표를 확인하는 어닝 시즌

"삼성전자 3분기 어닝 서프라이즈" "LG디스플레이 4분기 실적 컨센서스* 하회, 어닝 쇼크!" 기업들의 실적 발표 시즌이 돌아오면 온갖 뉴스에서 어닝 서프라이즈와 어닝 쇼크라는 단어를 자주 접할 수 있습니다. 기업은 분기 또는 반기별로 영업활동에 대한 실적을 발표하는데 이 시기를 어닝 시즌이라고 합니다. 어닝 시즌에는 기업들이 "여러분,

* 컨센서스: 주식에서 말하는 컨센서스란 특정 집단의 예상 또는 전망이란 뜻을 지닌다.

우리 회사가 이번 시즌에는 이만큼의 실적을 달성했습니다!"라며 기업의 매출액, 영업이익, 순이익 등을 투명하게 공개하기 때문에 투자자들의 관심이 쏠릴 수밖에 없습니다.

기업의 실적을 발표하는 어닝 시즌

어닝 시즌(Earning Season)은 주식시장에 상장한 기업들이 영업실적을 발표하는 시기로 본래 미국의 실적 발표 시즌을 두고 생겨난 용어입니다. 미국의 주요 기업들의 실적 발표는 3월, 8월, 12월에 가장 많아 어닝 시즌은 이때를 지칭합니다. 미국의 대표적인 기업들의 실적은 우리나라의 증시에도 큰 영향을 주기 때문에 항상 관심을 가질 수밖에 없는 것이죠. 특히 12월의 경우, 우리나라에도 결산하는 기업들이 많기 때문에 기업의 실적에 따라 주식시장이 민감하게 반응합니다. 기업의 근본적인 설립 목적이 이익을 창출하기 위함이었으니 기업의 실적에 따라 주가가 요동치는 것은 지극히 자연스러운 일이죠.

주가는 다양한 요인으로 인해 오르내리지만 주가 변동의 본질은 기업의 실적에 따라 좌지우지된다고 할 수 있습니다. 그래서 어닝 시즌에는 차트 분석을 통한 투자보다 기업의 실적을 분석해 접근하는 투자가 많습니다. 어닝 시즌이 다가오면 업황, 시황 등을 파악해 시장의 예상보다 실적이 상회할 것 같은 기업의 주식을 미리 보유한다면 큰 시세차익을 얻을 수도 있습니다.

삼성전자, 현대차, SK하이닉스 등 우리에게 익숙한 대기업들은 항상 투자자들의 관심을 받기 때문에 실적을 예상하는 증권사도 많고, 실제 발표하는 실적도 전망치에서 크게 벗어나지 않는 경우가 대부분입니다. 하지만 상대적으로 작은 중소형 기업들의 경우 투자자들의 관심이 적고 시장의 전망치 역시 신뢰성이 떨어지니 어닝 시즌에는 중소형 주들의 변동성이 커지는 경향이 있습니다. 따라서 우량주에 비해 상대적으로 약소한 기업의 주식을 보유하고 있다면 어닝 시즌에 각별히 주의해야 합니다.

주가 상승의 호재 어닝 서프라이즈

어닝 서프라이즈(Earning Surprise)는 기업의 실적이 시장이 예상한 전망치보다 크게 상회하는 것을 뜻합니다. 증권사는 당해의 업계 상황이나 기업의 사업 구조, 이슈 등을 파악해 기업의 실적을 미리 예상하고 컨센서스를 발표합니다. 만약 기업의 실제 실적이 컨센서스를 훌쩍 뛰어넘었다면 이를 두고 어닝 서프라이즈라 하죠. 많은 증권사들이 삼성전자의 3분기 실적에 대해 '이번 3분기 삼성전자의 영업이익은 5조 원을 달성할 전망이다'라는 리포트를 발표했는데 영업이익이 10조 원을 달성해 어닝 서프라이즈가 발생했다면 시장은 이를 호재로 받아들이고 주가는 상승할 확률이 높습니다. 이처럼 어닝 서프라이즈는 주가 상승에 좋은 신호로 해석됩니다.

주가 하락의 악재 어닝 쇼크

어닝 쇼크(Earning Shock)는 어닝 서프라이즈의 반대말로, 기업의 영업실적이 시장의 컨센서스를 크게 하회하는 것을 뜻합니다. 증권가에서 삼성전자의 올해 1분기 영업이익이 7조 원을 달성한다고 예상했는데 실제 영업이익은 2조 원밖에 되지 않는다면 시장의 전망치를 크게 하회한 경우이니 이를 두고 어닝 쇼크라고 부르죠. 보편적으로 대부분의 기업들은 정규장 마감 이후 실적을 발표하는데 만약 시장의 예상치를 크게 하회하는 실적을 발표했다면 다음 날 주가는 하락할 확률이 높아 악재로 볼 수 있습니다.

부채비율에 대해 알아보자

어렵기만 한 재무 용어에 익숙하지 않은 투자자들은 투자하려는 회사의 재무 상태가 얼마나 건전하고 우량한지 판단하기 어려울 겁니다. 이런 상황에서 기업의 안정성을 쉽게 확인할 수 있는 것이 부채비율입니다.

부채비율의 개념과 이해를 돕기 위해 아파트를 사는 과정을 예로 들겠습니다. A라는 친구가 5억 원의 아파트를 구입할 때 자신이 가진 돈 2억 원을 사용했고 나머지 3억 원은 은행에서 대출받았다면 대출받은 3억 원은 은행에 갚아야 할 부채로 남습니다. 반면 B라는 친구는 같은 아파트를 사는 데 자신이 가진 돈 4억 5천만 원에 5천만 원만 대출받았다면 은행에 갚아야 할 돈은 5천만 원이 되죠. 3억 원을 대출받은 A가 원금과 이자를 잘 갚는다면 더할 나위 없겠지만 만약 소득이 줄어 대출금을 갚지 못하는 일이 지속된다면 어떻게 될까요? A의 신용등급은 떨어지고 최악의 경우 아파트가 경매로 넘어갈 수도 있습니다. 하지만 B는 5천만 원만 갚으면 되기에 소득이 줄어든다고 해도 부채 상환에 대한 부담이 A보다는 적을 겁니다.

기업도 이와 크게 다르지 않습니다. A와 B를 기업 재무제표로 대입하면 A의 자본은 2억 원, 부채는 3억 원, B의 자본은 4억 5천만 원, 부채는 5천만 원이 될 것입니다. 기업이 갚아야 하는 부채가 감당할 수 있을 정도라면 크게 문제되지 않겠지만 감당할 수 없을 만큼의 부채를 보유하고 있다면 건전한 재무 상태로 보기 어렵습니다.

부채비율을 구하는 방법

부채비율을 구하는 공식은 꽤 간단합니다. 기업의 부채를 자본으로 나눈 뒤 100을 곱하면 부채비율을 손쉽게 구할 수 있죠.

부채비율 = (부채 ÷ 자본) × 100

여기서 중요한 점은 자산이 아닌 자본으로 나누어야 한다는 점입니다. 자산은 부채를 모두 포함한 금액이지만 자본은 기업이 가지고 있는 순자산이기 때문에 부채비율을 구할 때는 자산이 아닌 자본으로 나누어야 합니다.

이해를 돕기 위해 예를 들어봅시다. 대형 마트 사업을 운영하고 있는 자산 1천억 원의 DY유통이 보유한 자본이 250억 원, 부채가 750억 원이라고 가정하면 부채비율은 300%가 됩니다. 같은 조건인 GH유통의 자본이 600억 원이고 부채가 400억 원이라면 부채비율은 66.6%가 되죠. 둘 중 재무가 안정적인 기업을 꼽으라면 당연히 부채비율이 낮은 GH유통입니다.

부채는 기업에게 새로운 기회의 장을 마련해주는 약이 될 수도 있지만 기업을 언제든지 무너뜨릴 수 있는 독이 될 수도 있어 기업은 항상 부채에 대해 신경 써야 합니다. 만약 기업의 부채비율이 높다면 투자자들이 투자를 꺼리게 되어 주가가 하락할 수 있음은 물론이고 심할 경우 기업의 존폐에도 영향을 미치니까요.

부채비율은 어느 정도가 좋을까?

통상적으로 부채비율 100% 이하를 두고 표준비율이라 부르며, 이 조건에 부합하는 기업을 재무구조가 우량한 기업이라 평가합니다. 이는 곧 상환해야 하는 부채의 총 규모보다 자본이 더 큰 기업을 말하는데 위급한 순간에 기업이 보유한 자본으로 모든 부채를 감당할 수 있

는 여력을 가지고 있다는 뜻으로 해석할 수 있습니다.

하지만 요즘에는 기업들이 기존 사업 확장, 신규 사업 발굴을 위한 대규모 투자를 강행하고 있어 표준비율을 웃도는 150~200%까지도 큰 문제가 없다고 판단합니다. 오히려 부채비율이 100%임에도 지속적인 적자를 겪으며 부채를 상환할 여력이 없어 이자만 갚고 있는 기업보다 부채비율은 200%지만 꾸준히 이익을 창출해 매 분기마다 부채가 감소하는 기업을 더욱 선호하는 추세죠. 부채비율이 줄어들고 있다는 것은 기업의 펀더멘털이 안정화되고 있음을 의미입니다. 이런 이유로 투자자 입장에서 본다면 부채의 규모가 중요한 만큼 부채비율의 추이도 중요합니다.

부채비율 1천%의 금융주는 안전할까?

KB금융, 기업은행, 신한지주 같은 금융 기업들의 연결 재무상태표를 보면 자본에 비해 부채가 과도하게 많음을 알 수 있습니다. 부채비율을 계산해보면 500% 이상, 심지어는 1천% 이상인 모습도 흔하게 볼 수 있는데 이는 금융업의 특성상 고객들이 맡긴 예금이 연결 재무상태표에서 부채로 기록되는 데서 발생한 결과입니다.

금융 기업은 고객이 맡긴 예금을 활용해 대출 상품으로 발행하거나 투자 자산으로 운용해 수익을 창출하지만, 고객들은 본인이 원할 때 언제라도 돈을 출금할 수 있어야 하니 고객의 예금을 자기자본이 아닌 기업의 부채로 표기하는 것이죠. 예금액을 제외하고 차입 부채, 사채 등의 순수한 부채만을 본다면 대부분의 금융 기업들은 100% 이하의 부채비율을 유지하고 있습니다. 따라서 금융 기업의 부채비율이 높다고 해서 재무구조가 불안정하다고 보기는 어렵습니다.

재무제표로 저평가 주식을 찾아보자

만약 여러분이 주식투자를 한다면 어떤 기업을 골라 투자하실 건가요? 미래 먹거리*로 주목받는 전기차 관련주? 친환경 에너지 기업? 바이오 주식? 매년 지속적으로 성장하고 있는 기업에 투자할 수도 있고, 코스피 맏형이자 국민 주식이라 불리는 삼성전자에 투자할 수도 있을 겁니다. 또는 재무가 탄탄한 기업이나 시장에서 소외받고 있는 성장형

* 미래 먹거리: 미래에 각 산업과 관련된 주체의 자양분이 될 사업

중소기업에 투자할 수도 있고 아는 지인이 흘러가는 말로 추천해준 기업에 투자할 수도 있겠죠.

이처럼 기업을 선정하는 기준은 너무도 다양해 이렇다 할 정답은 없습니다. 그러나 대부분의 투자자들은 몇 가지 정보만 가지고 이 기업의 주가는 오를 것이라 확신하며 투자합니다.

시세차익이 아닌 적정 주가를 봐야 한다

주식투자의 기본은 싸게 사서 비싸게 파는 것이지만 애석하게도 대부분의 개인투자자들은 비싸게 사서 싸게 파는 행위를 반복해 손실만 불립니다. 이런 손실을 피하려면 현재의 주가가 저렴한 가격인지 비싼 가격인지를 맞혀야 합니다. 그런데 전문가도 아닌 우리가 과연 맞힐 수 있을까요? 신이 아닌 이상 주식의 가격이 저렴한지 아닌지 아는 것은 불가능하죠. 주가를 맞출 능력은 없지만 몇 가지 지표를 토대로 적정 주가를 유추해볼 수는 있습니다.

예를 들어 A라는 기업의 적정 주가가 1만 원이고 현재 주가가 7천 원이라고 했을 때 A기업의 주식에 투자해 주가가 1만 원까지 상승한다면 3천 원의 시세차익을 볼 수 있다고 생각할 겁니다. 하지만 정작 중요한 것은 3천 원의 시세차익이 아니라 적정 주가 1만 원이라는 가격이 나온 근거입니다.

7천 원에 사서 1만 원에 팔면 3천 원의 시세차익이 생기네!	적정 주가 1만 원은 어떻게 나온 거지?

재무제표는 투자자들에게 다양한 신호를 줍니다. 재무제표가 알려주는 여러 신호들을 이해하지 못한 채 투자한다면 내가 투자한 기업이 상승할지 하락할지, 현재의 주가가 적정 주가인지 가늠하기 어려울 겁니다. 회계업에 종사하는 분들이라면 일반적인 투자자들보다 기업의 재무제표에 대해 더욱 쉽게 이해할 수 있지만 그렇지 않은 개인투자자들에게 재무제표는 어려울 수밖에 없습니다. 하지만 그렇다고 해서 좌절할 필요는 없습니다. 우리 역시 몇 가지 지표만으로 기업의 적정 주가를 유추할 수 있고, 이를 통해 시장에서 저평가된 주식을 찾아낼 수 있으니까요.

가치투자의 아버지 벤저민 그레이엄

세계 최고의 투자자 워렌 버핏의 스승으로 알려진 벤저민 그레이엄은 워렌 버핏의 투자 방식과 달리 과거와 현재를 보고 기업의 가치를 평가했습니다. 그는 주당순이익인 EPS, 주당순자산가치인 BPS 등 다양한 지표를 응용해 가치투자 이론을 창시했으며, 기업의 가치를 깊게

연구하고 기업의 재무제표를 활용해 투자하는 것으로도 유명합니다.

벤저민 그레이엄은 기업의 신용 등급, 부채비율, 배당금과 함께 EPS, PER, PBR 등의 투자지표를 중요하다고 강조했습니다. 우리도 이러한 지표를 통해 기업의 가치가 낮게 평가받고 있는지 높게 평가받고 있는지를 가늠해볼 수 있습니다. 하지만 이를 이해하기 위해서는 PER이 무엇인지 EPS가 무엇인지에 대해 알아야 합니다. 이외에도 재무제표를 이용한 기초투자지표에는 BPS, PBR, ROE, EV/EBITDA 등이 있으니 지금부터 하나씩 알아보도록 합시다.

주당순자산가치 BPS와 주가순자산비율 PBR

기업이 사업을 지속하기 위해서는 항상 돈을 필요로 합니다. 인력 고용, 원자재 매입, 마케팅 비용, 세금 등 하나의 상품을 만들기까지 막대한 비용이 들어가죠. 그뿐만 아니라 부채를 갚을 때도 돈이 필요합니다. 그렇기 때문에 순자산은 기업의 펀더멘털을 가늠하는 중요한 지표가 됩니다. 투자자라면 기업의 보유 자산을 통해 현재의 주가가 적정 수준에 머물러 있는지 평가할 수 있는 방법을 이해할 수 있어야 합니다.

기업의 주가를 평가하는 BPS

앞서 강조했듯이 기업의 재무제표는 투자자들에게 현재의 주가가 저평가되어 있는지 고평가되어 있는지 등 다양한 신호를 주는데, BPS(Book-Value Per Share, 주당순자산가치)는 기업의 자산가치에 비해 주가가 어느 위치에서 평가되고 있는지를 판단할 때 가장 기초가 되는 지표입니다. 주가가 BPS 값보다 높다면 자산가치에 비해 거래 시세가 높게 형성되어 있다는 뜻이고, 주가가 BPS 값보다 낮다면 자산가치에 비해 거래 시세가 낮게 형성되어 있다는 뜻이죠.

BPS = 순자산 / 발행 주식 수량

BPS는 기업의 총 자산에서 부채를 뺀 순자산을 발행 주식 수량으로 나누어 구합니다. 예를 들어 DY전자의 총 발행 주식 수량이 1만 주이고 자산이 10억 원일 때, 4억 원의 부채를 가지고 있다면 순자산은 6억 원이 됩니다. 이때 순자산(6억 원)을 총 발행 주식 수량(1만 주)으로 나누면 DY전자의 BPS는 6만 원이 됩니다. 만약 DY전자의 주가가 주당 30만 원이라고 하면 BPS보다 5배나 높기 때문에 자산가치에 비해 주가가 상당히 높게 형성되었다고 할 수 있죠. 반대로 BPS가 6만 원인데 주가가 3만 원이라면 현재의 주가는 기업의 순자산가치에 비해 상당히 저평가되어 있다고 해석할 수 있습니다.

보상의 기준이 되는 BPS

BPS는 '기업의 청산가치'라는 뜻도 가지고 있습니다. 만약 회사에 문제가 발생해 하루 아침에 문을 닫게 된다면 회사가 보유하고 있는 자산은 주주들에게 돌려주어야 합니다. 기업에 대한 소유권을 가지고 있는 것은 회사의 주식을 소유한 주주들이며 회사가 영업활동을 중단함으로써 피해를 입은 주주들에게 금전적인 보상을 해야 하는 것은 당연한 일이죠.

이때 보상의 기준이 되는 것이 바로 BPS입니다. 기업은 자신들이 가진 자산에서 부채를 모두 갚고 남은 돈을 주주들에게 돌려줍니다. 이때 순자산을 주주들에게 공평하게 돌려주는 방법은 순자산을 발행한 주식 수량으로 나누어 지급하는 것이죠. 이것은 곧 BPS 값을 구하는 공식과도 비슷하기에 BPS는 주당순자산가치뿐만 아니라 기업의 청산가치라는 의미도 함께 가지고 있는 것입니다.

물론 실제로 기업이 문을 닫아 주주들에게 금전적인 보상을 할 때는 BPS와 청산가치 사이에 괴리가 있기 마련입니다. BPS는 어디까지나 회계장부상 존재하는 가치일 뿐이니까요. 하지만 기업의 주가가 BPS보다 낮다면 회사가 망하더라도 손해는 보지 않을 것이라는 투자자들의 심리와 낮은 밸류에이션이 주는 이점이 주가 하락을 완화시키기도 합니다.

주가를 평가하는 측정지표인 PBR

PBR(Price Book-Value Ratio, 주가순자산비율)은 현재의 주가가 순자산에 비해 1주당 몇 배로 평가받는지를 측정하는 지표입니다. 조금 더 쉽게 설명하자면 현재의 주가를 BPS로 나눈 값이라 생각하면 됩니다. 예를 들어 DY전자의 주가가 8만 원이고 BPS가 8만 원이라면 PBR은 1배가 될 겁니다. 같은 조건으로 BPS가 4만 원이라면 '8만 원(주가)/4만 원(BPS)=2'가 되니 PBR은 2배가 되고, BPS가 16만 원이라면 PBR은 0.5배가 됩니다. PBR이 1배 이상이라면 주가가 순자산가치에 비해 높게 평가되고 있다는 것이고, 1배 미만이라면 주가가 순자산가치에 비해 낮게 형성되어 있다는 의미입니다.

PBR = 주가 / BPS

투자자들의 심리를 자극하는 요인으로 시세차익에 대한 기대수익만큼 손실에 대한 리스크가 낮은 기업에 투자하려는 심리도 큰 비중을 차지합니다. 현재 주가가 기업의 순자산가치, 청산가치에 비해 낮게 평가받고 있다면 회사가 지금 당장 문을 닫아도 손해를 보지 않을 것이라는 생각이 투자자들의 매수 심리를 자극하고는 합니다.

PBR이 1배 미만인 주식은 좋은걸까?

투자자들은 PBR을 통해 현재의 주가가 자산가치에 비해 어느 위치에서 평가되고 있는지를 판단해 투자에 참고하는데, 상장 기업들의 가장 이상적인 PBR은 0.8~1.2배 사이로 봅니다. 여기서 더 내려가 PBR이 0.8배 이하로 떨어진다면 주가가 순자산가치에 비해 한참 낮게 평가받고 있다고 해석되어 투자자들에게 매력적인 투자처로 보이죠. 하지만 PBR이 1배 미만이라고 해서 무조건 매수하는 것은 위험한 투자 방식입니다. PBR은 장부상 순자산가치를 주가로 나누어 계산했을 뿐, 기업의 미래가치나 사업 전망, 수익성은 고려하지 않은 지표이기 때문에 투자자의 입장에서 무작정 PBR만 보고 투자하는 것은 위험하다고 할 수 있습니다.

주식 가격의 본질이 재무제표에 있는 것은 사실입니다. 하지만 기업의 주가가 결정되는 데는 재무 상태뿐만 아니라 업종, 사업 전망, 정부 정책, 투자자들의 심리, 시황, 금리, 환율 등 다양한 요인이 복합적으로 작용하기 때문에 PBR만을 보고 투자 판단을 내리기에는 무리가 있습니다. KB금융, 신한지주 같은 금융 기업들의 주가는 내수 시장이라는 제한적 요소와 성장에 한계가 있다는 점에서 PBR이 1배보다 낮게 형성되어 있지만 삼성바이오로직스나 셀트리온 같은 바이오 기업들은 업종 특성상 현재의 자산가치보다 미래 성장에 대한 기대감이 더 크기 때문에 PBR이 10배 이상 높게 형성되는 경우가 흔합니다.

주당순이익 EPS와 주가수익비율 PER

모든 기업들은 공통된 목표를 가지고 있습니다. 그건 바로 수익 창출이죠. 기업의 설립 목적이 수익을 창출하기 위함이니 투자자는 현재의 수익과 주가를 비교해서 기업과 주가의 적절성을 판단할 수 있어야 합니다. 하지만 초보투자자가 복잡한 재무제표를 보고 기업의 수익성을 평가하는 것은 어렵죠. 이때 쉽게 계산하고 가늠할 수 있는 수익성 지표를 이해하면 도움이 됩니다.

순이익을 알아보는 EPS

EPS(Earning Per Share, 주당순이익)는 1주당 이익을 알려주는 지표입니다. 즉 BPS가 기업의 순자산을 총 발행 주식 수량으로 나누어 1주가 가지는 순자산을 알아내는 지표였다면, EPS는 순자산이 아닌 순이익을 총 발행 주식 수량으로 나누어 1주당 얼마의 순이익이 발생하는지를 알아보는 수익성 지표입니다.

재무제표상 순이익은 주요 영업활동 손익과 영업 외 활동 손익을 모두 포함하기 때문에 이를 총 발행한 주식 수량으로 나누면 1주당 얼마의 이익을 창출했는지 알 수 있습니다. 예를 들어 주식을 2만 주 발행한 DY전자가 2021년 2분기에 벌어들인 순이익이 2천만 원이라고 가정했을 때 1주당 2천 원의 순이익이 발생했다고 할 수 있습니다. 2천만 원을 총 발행 주식 수량인 2만 주로 나누면 2천 원이라는 값이 나오기 때문이죠.

EPS = 순이익 / 발행 주식 수량

기업의 EPS는 높을수록 좋습니다. 그만큼 순이익이 많이 발생했다는 뜻이니 EPS가 높으면 높을수록 주가 상승의 원동력이 될 수 있고 배당에 대한 주주들의 기대감을 유발할 수도 있습니다. 하지만 기업이 소유한 부동산 매각, 대규모 인원 감축, 단기적인 원가 하락 등에 따른

EPS의 급상승은 좋다고만 보기는 어렵습니다. 이들은 대부분 일회성 수익에 그치기 때문에 EPS가 크게 증가했다고 하더라도 호재로 보기는 어렵죠. 따라서 투자할 때는 단순히 EPS가 높은 기업을 찾기보다는 이전 실적을 대조하면서 높은 수준의 EPS를 꾸준히 유지하는 기업을 찾는 것이 좋습니다.

주가의 저평가를 판단하는 PER

PER(Price Earning Ratio, 주가수익비율)은 현재의 주가가 기업의 순이익에 비해 몇 배로 평가되어 있는지 측정하는 지표입니다. 주가를 BPS로 나눈 것이 PBR이었다면, PER은 주가를 EPS로 나누어 계산한 지표입니다.

PER=주가/EPS

EPS는 높을수록 좋은 것이라고 했는데 PER은 EPS를 분모로 사용하기 때문에 낮으면 낮을수록 주가가 저평가되어 있다고 해석합니다. 예를 들어 특정 기업의 주가가 3만 원이고 EPS가 5천 원이라면 '3만 원(주가)/5천 원(EPS)'의 값은 6이니 PER은 6배가 될 겁니다. 만약 주가가 20만 원인데 EPS가 5천 원이라면 PER은 40배가 됩니다. 두 경우 모두 주당순이익은 똑같지만 상대적으로 낮은 전자의 PER을 보고 투자자들은 저평가된 주식이라 생각할 수 있습니다. 주가 상승에 대한 여력이 후자보다는 전자가 강하다는 뜻이죠.

PER의 기준은 어떻게 될까?

2000년대 초반까지만 하더라도 '10'을 기준 삼아 PER이 10배보다 높으면 순이익에 비해 주가가 높다고 평가했고 PER이 10배보다 낮으면 순이익에 비해 주가가 낮다고 평가해 투자자들은 PER이 10배보다 낮은 기업의 주식을 매수하고는 했습니다. 물론 여전히 이러한 투자 방법이 성행하고 있지만 IT, 바이오가 중심이 된 지금은 괜찮은 투자 방법이라고 보기 어렵습니다. 제조업, 건설업 기반이던 과거와 달리 현재는 업종의 다양성, 미래 성장률, 사업 전망 등 기업과 업종마다 주가 결정 요인에 있어 명확한 차이가 존재하기 때문입니다.

금연이 대세라면 담배를 생산하는 기업의 현재 수익률은 좋을지 몰라도 미래 전망은 좋지 않을 것입니다. 혁신적인 방법으로 암 치료제를 개발 중인 바이오 기업은 막대한 연구개발 비용 때문에 현재 수익은 좋지 않더라도 미래 전망은 창창하다고 볼 수 있습니다. 그렇기에 담배 회사의 PER이 5배, 바이오 기업의 PER이 80배라고 했을 때 상대적으로 낮은 PER을 가진 담배 회사에 투자하는 것이 현명한 판단이라고 보기는 어렵습니다. 두 기업의 성장성과 미래가치는 전혀 다르니까요. 하지만 그렇다고 해서 바이오 기업에 투자하는 것이 무조건적으로 옳다고 할 수도 없습니다. 그 누구도 담배 회사의 적정 PER은 얼마인지 바이오 기업의 적정 PER은 얼마인지 판단하기 어려운 데다 미래의 주가를 정확히 맞추는 것은 불가능한 일이니까요.

그렇다면 투자할 때 어떻게 예측할 수 있을까요? 현재처럼 모든 기업에 PER 10배라는 수치를 적용해 평가하기보다는 반도체 기업의 PER은 같은 반도체 기업끼리, 자동차 부품 기업의 PER은 같은 자동차 부품 기업끼리 비교해보거나 동일업종 기업들의 성장성, 시장점유율 추이, 수익성의 변화 등을 종합적으로 고려하는 것이 좋습니다.

저평가된 기업들의 주가 상승률이 더욱 높다 

미국 드레먼 벨류 매니지먼트의 회장이자 전설적인 투자자로 평가받는 데이비드 드레먼은 "장기적인 측면에서의 주가 상승률을 본다면 높은 PER의 기업보다 낮은 PER을 유지하며 시장에서 저평가된 기업들의 주가 상승률이 더욱 높다"라고 말했습니다. 물론 여기에는 기업의 수익성 지표인 PER뿐만 아니라 자산과 관련된 PBR, 배당과 관련된 PDR 등이 포함되어 있지만 그는 각 지표들이 나타내는 가치보다 낮게 평가되어 있는 주식들을 사서 장기간 보유한 후 꺼내보면 그 수익률은 엄청날 것이라고 주장했습니다.

많은 투자자들이 그를 비난했고, 증권 전문가들도 말도 안 되는 궤

변이라며 비아냥거렸습니다. 그러나 드레먼은 이 같은 방식을 실행했고, 그 결과 1990년대 후반 드레먼이 운용한 '켐퍼-드레먼 펀드'는 압도적인 수익률을 기록하며 200개가 넘는 동일 유형의 펀드 상품 중 1위를 차지했습니다. 그것도 10년이라는 긴 시간 동안 말이죠. 이후 드레먼은 투자자들에게 "투자라는 것은 쌀 때 사서 비싸게 파는 것이 기본이다"라고 일침을 날리기도 했습니다.

현재는 산업의 생태계가 많이 바뀌었기 때문에 드레먼의 투자 방식이 지금도 높은 수익률을 안겨준다고 보장할 수는 없습니다. 다만 기업의 재무제표가 알려주는 신호를 이해하고 저평가된 기업을 고르는 방법을 숙지한 뒤 투자 대가들의 투자 방식을 참고하는 것만으로도 도움이 되지 않을까요?

기업의 수익성 지표 ROE

세상에 존재하는 모든 기업들이 똑같은 자본을 가지고 있다면 창출해낸 이익의 순위를 매기기란 너무 쉬울 겁니다. 모든 상장 기업들이 100억 원의 자본을 가지고 있다고 가정했을 때 1억 원을 벌어들인 기업, 10억 원을 벌어들인 기업, 20억 원을 벌어들인 기업 중에서 20억 원을 벌어들인 기업이 가장 영업을 잘했다고 생각할 수 있을 테니까요. 하지만 실제로는 어떨까요? 기업들의 자본금과 한 해 동안 벌어들인 수익은 저마다 다르기 때문에 어떤 기업이 영업활동을 잘했는지 파악하기란 쉽지 않은 일입니다. 이때 ROE를 활용한다면 기업이 자본을 활용해 얼마만큼의 이익률을 달성했는지 쉽게 알 수 있습니다.

자본 대비 수익을 나타내는 ROE

ROE(Return On Equity, 자기자본이익률)는 기업의 이익 창출 능력을 나타내는 지표입니다. 기업들이 보유한 자본은 다양하지만 모든 기업은 이익 창출이라는 공통적인 목표를 지닌 집단입니다. 따라서 투자자라면 기업의 경영 성과를 판단하고 비교할 줄 알아야 하죠.

ROE = 순이익 / 자본 총액

기업의 ROE는 당기순이익을 자본 총액으로 나누어 구할 수 있습니다. 이번에도 이해를 돕기 위해 예를 들어봅시다. A는 3억 원의 자본금으로 치킨집을 차렸고 열심히 치킨을 팔아 1년간 순이익 3천만 원을 벌었습니다. 3억 원의 자본을 가지고 3천만 원을 벌었으니 ROE는 10%가 됩니다. 자본 대비 10%의 이익률을 달성한 것이죠. 옆 동네 B가 1억 원을 들여 치킨집을 차린 후 1년간 2,800만 원의 수익을 올렸다면 ROE는 28%가 될 것입니다.

A는 B보다 더 많은 수익을 올렸습니다. 그럼에도 누가 더 경영을 잘했냐는 질문에는 모두 B라고 답할 것입니다. A보다 한참 낮은 자본을 가지고 시작했음에도 엇비슷한 이익을 창출한 B의 경영 능력을 더 높이 평가하는 것이죠. 이처럼 ROE는 기업이 보유한 자본에 비해 얼마만큼의 수익을 창출했는지를 알 수 있는 지표입니다. 기업의 사업

이익률, 경영 성과를 비교할 수 있는 대표적인 수익성 지표라고 할 수 있습니다.

누가 더 경영을 잘했을까?		
구분	A	B
자본 총액	3억 원	1억 원
순이익	3천만 원	2,800만 원
ROE	10%	28%

ROE가 높다고 전부는 아니다

기업의 ROE는 높으면 높을수록 경영을 잘해 수익성이 좋아졌다는 것을 의미입니다. 그렇기에 ROE가 높으면 투자자들에게 좋은 뜻으로 해석되고는 합니다. 물론 주의할 점도 있습니다. 기업의 순이익은 주요 영업활동과 영업 외 활동을 포함한 이익이기 때문에 매년 지속적으로 적자를 기록하던 기업이 회사 소유의 부동산을 매각해 주요 사업과는 상관없는 큰 수익이 발생한 경우에도 ROE가 높게 나올 수 있습니다. 이익의 출처와 관계없이 부동산을 매각함으로써 순이익이 증가한 것은 사실이니 순이익을 분자로 쓰는 ROE도 높게 나오는 것이죠.

이러한 일회성 이익이 발생해 ROE가 높게 나온 기업은 되도록 피하는 것이 좋습니다. 우리가 눈여겨봐야 하는 것은 ROE가 높은 것보다 그 수준을 매년 유지하느냐 못하느냐입니다. 통계학적으로 매년 12% 이상의 ROE를 유지하는 기업들은 장기적으로 봤을 때 꾸준히 상승하는 것으로 알려졌습니다.

워렌 버핏도 ROE가 굉장히 중요하다고 말한 적이 있습니다. 워렌 버핏은 투자를 시작하려는 사람들에게 최근 3년간 연평균 ROE가 15% 이상인 기업에 투자할 것을 추천했는데 이는 ROE가 높은 수준을 매년 꾸준하게 유지하는 것이 더 중요하다는 반증이기도 합니다.

기업의 적정 가치를 알아보는 EV/EBITDA

EV/EBITDA란 기업의 총 가치를 법인세, 이자, 감가상각비를 제하기 전 영업이익으로 나눈 것을 말합니다. 기업이 현재의 영업활동을 유지한다고 가정했을 때 투자금을 회수하기 위해 얼마의 기간이 걸릴지 예상해보는 지표로 기업의 수익성 가치와 적정 주가를 판단할 때 유용한 지표입니다. EV/EBITDA에 대해 이해하려면 먼저 EV와 EBITDA가 무엇인지 알아야 합니다.

기업의 총 가치를 나타내는 EV

삼성전자의 시가총액이 400조 원이라면 사람들은 삼성전자를 인수하기 위해서는 400조 원이란 돈이 필요하다고 생각할 것입니다. 순전히 기업의 소유권만을 보고 인수하는 것을 말한다면 틀린 말이라고 할 수는 없습니다. 하지만 여기서 말하는 400조 원은 삼성전자가 발행한 주식의 총 가치를 나타내는 것이지 삼성전자라는 기업의 가치를 나타내는 것이라고 보기는 어렵습니다.

EV(Enterprise Value, 기업가치)는 기업의 총 가치를 나타내는데, 우리가 특정 기업을 인수할 때 들어가는 실질적 비용을 예상해볼 수 있는 지표입니다. 언뜻 보면 시가총액과 혼동할 수 있지만 시가총액은 기업이 발행한 모든 주식의 가치를 나타낸 지표일 뿐 채권 발행, 은행 대출을 통해 빌린 부채나 기업이 보유한 현금성 자산은 전혀 고려하지 않기 때문에 기업 자체의 가치라고 보기는 어렵습니다.

EV = 시가총액 + 순차입금

우리가 기업을 통째로 인수해 회사의 주인이 된다면 기업이 발행한 주식뿐만 아니라 채권자에게 갚아야 할 부채도 책임져야 하고 기업이 보유하고 있는 현금도 우리의 돈이 됩니다. 따라서 인수 전 기업의 총 가치를 계산하기 위해서는 주식의 가치와 함께 기업의 부채, 현금성 자산을 모두 고려해야 합니다. 이것이 EV입니다. EV는 시가총액에서 순차입금을 더해 계산할 수 있으며 기업의 가치를 예상할 때 사용됩니다.

EV를 알아야 하는 이유를 무엇일까?

이해를 돕기 위해 같은 사업을 영위하며 매년 비슷한 이익을 내고 있는 DY전자와 GH전자가 있다고 생각해봅시다. DY전자 주식의 시가총액이 1천억 원, 부채가 200억 원, 보유하고 있는 현금이 50억 원이라면 이 회사를 인수하기 위해서는 주식의 가치인 1천억 원과 함께 부채 200억 원도 책임져야 합니다. 또 기업이 보유하고 있는 50억 원의 현금도 인수자의 것이 되니 최종적으로 1,150억 원이 필요합니다. 같은 사업을 영위해 성장성, 사업 전망도 비슷한 GH전자의 시가총액은 1,100억 원이지만 부채가 50억 원, 보유 현금이 200억 원입니다. GH전자를 인수하기 위해서는 950억 원이 필요한 셈이죠.

DY전자와 GH전자의 EV 비교		
구분	DY전자	GH전자
시가총액	1,000억 원	1,100억 원
부채	200억 원	50억 원
현금	50억 원	200억 원
EV(기업가치)	1,150억 원	950억 원

EV를 모르는 투자자라면 비슷한 수준의 이익을 내고 있는 두 회사를 보고 시가총액이 1천억 원인 DY전자의 가치가 더욱 낮게 평가된 것이라고 생각하겠지만 실제로는 부채가 적고 현금을 많이 보유하고 있는 GH전자의 가치가 더욱 낮게 평가되고 있는 것입니다.

기업의 수익 창출 능력을 나타내는 EBITDA 

EBITDA(Earning Before Interest, Tax, Depreciation & Amortization)는 기업이 벌어들인 영업이익에서 세금, 이자 비용, 감가상각 비용 등을 빼기 전 이익을 말합니다. 복잡해 보이나 손익계산서상의 영업이익에서 감가상각비를 더해주기만 하면 대략적인 값을 구할 수 있습니다. 기업들은 영업이익을 발표할 때 장부상 감가상각비를 제외하고 발표하는데, EBITDA는 이런 비용들을 계산하지 않기 때문에 기업의 실제 수익 창출 능력을 알아볼 수 있는 지표로 사용됩니다.

어떤 기업이 로봇 장난감을 만들기 위해 기계설비 1대를 5억 원에 구입했고 이 기계설비는 5년 동안 사용이 가능하다고 가정해봅시다. 5억 원을 들여 5년 동안 사용할 수 있다는 것을 단순 계산하면 1년에 1억 원을 기계설비 비용으로 쓴다고 볼 수 있죠. 우리는 이것을 감가상각비라 부릅니다. 이 기업은 로봇 장난감을 팔아 1년 동안 5억 원의 매출을 달성했지만 원가, 인건비 등의 비용 2억 2천만 원, 감가상각비 1억 원을 제하고 나니 1억 8천만 원의 영업이익이 발생했다고 발표했습니다.

하지만 감가상각비 1억 원은 실제로 지출한 돈이 아니라 회계장부상에서만 비용으로 처리되는 항목일 뿐이고 기업이 실제로 벌어들인 영업이익을 알기 위해선 감가상각비를 다시 더해야 합니다. 영업이익 1억 8천만 원과 감가상각비 1억 원을 더하면 2억 8천만 원이 되며 이것을 EBITDA라고 합니다.

장난감 회사의 EBITDA	
매출액	5억 원
원가 및 판관비	2억 2천만 원
감가상각비	1억 원
영업이익	1억 8천만 원
EBITDA	2억 8천만 원

투자 원금 회수 기간을 알아보는 EV/EBITDA

EV/EBITDA는 EV와 EBITDA 사이에 있는 '/' 기호에서 알 수 있듯이 기업의 가치인 EV를 법인세, 이자 비용, 감가상각비를 제외하기 전 이익인 EBITDA로 나눈 것을 말합니다. 앞에서도 말했지만 이는 곧 현재의 수익성을 유지한다는 가정하에 기업을 인수한다면 투자 원금을 회수하기까지 얼마의 기간이 걸리는지 알아보는 지표로 사용됩

니다.

EV/EBITDA가 10이라면 기업을 인수하고 투자원금을 회수하기까지 10년이 걸린다는 뜻이죠. 예를 들어 기업의 가치가 100억 원이며 매년 10억 원의 이익을 냈을 때 기업 인수 금액인 100억 원을 회수하기까지 10년이 걸린다는 뜻으로 풀이할 수 있습니다. 같은 조건으로 매년 20억 원의 이익을 낸다면 '100억 원(EV)/20억 원(EBITDA)'이 되니 원금을 회수하기까지는 5년이 걸린다고 볼 수 있겠죠.

기업의 EV/EBITDA는 낮으면 낮을수록 수익성이 뛰어난 기업임을 나타냅니다.

CHAPTER 6

알아두면 유용한 투자 상식

환율을 보면
증시의 흐름을 알 수 있다?

우리나라의 근현대사를 거론할 때 항상 빠지지 않고 등장하는 사건이 있습니다. 바로 1990년대 후반 동아시아를 강타했던 IMF외환위기 사태입니다. 당시의 경제 위기는 태국의 화폐인 바트(bart)화의 가치가 급락하면서 외국인투자자들이 자금 회수에 나섰고 태국을 넘어 인도네시아, 필리핀에까지 영향을 미치며 동아시아의 국가들이 차례대로 무너진 사건이었죠. 이러한 위기는 대한민국도 피해갈 수 없었습니다.

증시에 환율이 왜 필요할까?

IMF외환위기 당시 코스피지수는 고점 대비 -70% 이상 급락하며 280포인트까지 주저앉았고 국내 증시를 아수라장으로 만들었습니다. 기업과 가계, 남녀노소의 구분 없이 모두 길바닥에 나앉을 정도로 위기는 심각했었지만 국민 모두가 힘들어 하는 와중에도 막대한 수익을 올린 사람들이 있었습니다. 이들은 대부분 환율에 투자하기 위해 달러를 사들인 투자자들로 엄청난 환차익을 얻었죠.

1997년 1월 3일의 원/달러 환율은 843원이었고, 같은 해 12월 23일에는 두 배 이상인 1,962원까지 치솟았습니다. 극단적인 예로 1월에 1달러당 843원에 달러를 매입한 사람들은 12월에 1달러당 1,962원으로 환전할 수 있었을 테니 달러에 투자했던 사람들은 경제 위기 상황에서도 큰돈을 벌 수 있던 셈입니다.

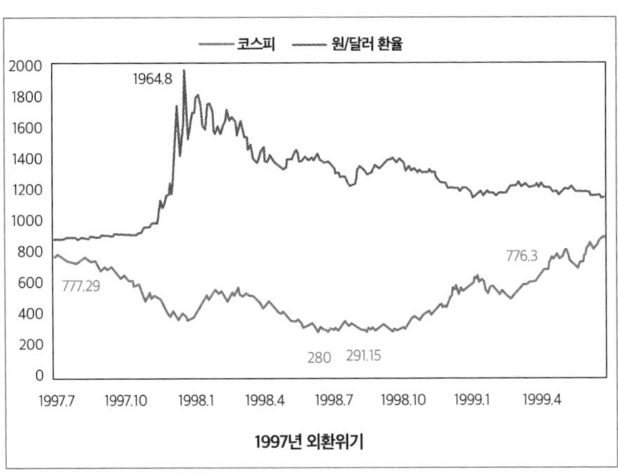

1997년 외환위기

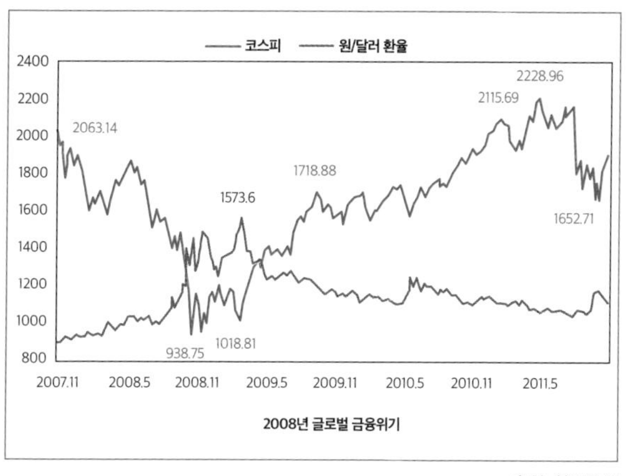

출처: 한국은행

통상적으로 외환시장과 국내 주식시장은 반대로 움직입니다. 환율이 오르면 코스피지수가 단기간 하락하고 환율이 떨어지면 코스피지수가 단기간 상승하는 경우가 많아 환율은 특정 국가의 경제 흐름을 유추할 때 중요한 지표로도 사용됩니다. 따라서 환율과 증시의 상관관계에 대해 이해하고 있다면 투자에 유용하게 활용할 수 있습니다.

환율과 증시의 상관관계

환율과 국내 증시의 상관관계는 국가 간의 통화를 환전한다는 시각보다 화폐를 사고판다는 시각으로 접근하면 이해하기 편합니다.

한국 기업에 100만 달러를 투자하려는 외국인투자자가 있다고 가정해봅시다. 한국 증시에 상장된 기업에 투자하려면 100만 달러를 가지고 이와 동일한 가치를 지닌 원화를 매입해야 합니다. 우리가 테슬라 주식을 사기 위해서는 원화를 달러로 환전해야 매입할 수 있는 것처럼 외국인투자자도 국내 상장 기업에 투자하려면 원화가 필요할 테니까요.

외국인투자자가 외환은행을 찾아가 100만 달러를 원화로 바꾸면, 외환시장이 보유하고 있는 달러량은 늘고 원화량은 줄어듭니다. 달러량이 늘어났으니 달러의 가치는 자연스레 하락하게 되고 원화의 가치는 원화량이 줄어든 만큼 상승해 결과적으로 원/달러 환율은 하락하게 됩니다. 예전에는 1달러로 1천 원을 살 수 있었다면 이제는 달러의 가치가 하락해 1달러로 겨우 980원만 살 수 있게 된 것이죠. 또한 달러를 원화로 환전한 외국인투자자의 자금은 국내 주식시장에 유입되어 주가의 상승을 이끌어내니 증시는 자연스레 상승하게 됩니다.

반대의 경우도 마찬가지입니다. 외국인투자자가 국내 주식을 매도해 투자금을 회수했다면 자금이 빠져나간 주식시장은 하락하게 됩니다. 외국인투자자가 원화를 달러로 바꾸면 외환시장이 보유하고 있는 원화량은 늘어나 원화의 가치가 하락하게 되고 달러량은 줄어들면서 달러의 가치가 상승해 원/달러 환율은 자연스레 상승하게 됩니다. 결국 투자자의 수요가 원화로 몰리는지, 외화로 몰리는지에 따라 환율이 결정되는 거죠.

2020년 1월 기준 국내 유가증권시장의 자금 중 39.01%가 외국인투자자들의 자금일 정도로 이들은 국내 주식시장과 외환시장에서 큰 축을 차지하는 거대한 세력입니다. 따라서 외국인투자자들의 자금이 어디로 몰리는지를 파악한다면 증시의 흐름뿐만 아니라 전반적인 경제의 흐름을 읽어내는 데 중요한 지표로 사용할 수 있습니다.

환율이 상승하면 기업에게 안 좋은 걸까?

증시만 본다면 통상적으로 환율의 상승은 부정적인 요소로 꼽을 수 있지만, 기업의 입장에서는 환율 상승을 무조건 부정적이라고 보기는 어렵습니다. 환율이 상승한다는 것은 외국인투자자들의 자금이 국내 시장에서 이탈하고 있다는 뜻이지만 환율이 상승하는 것을 좋아하는 기업들도 있습니다. 바로 수출 비중이 높은 기업들이죠. 수출을 통해 수익을 창출하는 기업 입장에서는 환율이 상승하면 판매 가격도 상승하니 실적이 상승하는 효과가 발생합니다.

DY문구라는 회사가 인형을 생산해 해외에서 5달러에 판매한다고 가정해봅시다. 환율이 1천 원일 때 인형 1개를 팔았다면 5천 원의 매출이 발생하겠지만 환율이 1,200원까지 오른 상황에서 인형 1개를 팔면 6천 원의 매출이 발생합니다. 증가한 매출은 기업의 실질적인 이익에 직결되니 수출 비중이 높은 기업이라면 환율이 상승하는 것을 반길지도 모릅니다. 국내 기업 중 수출 비중이 높은 대표적인 업종으로는 반도체와 자동차가 있습니다.

반대로 제품을 생산하는 데 필요한 원자재를 해외에서 수입한다면 환율이 상승함에 따라 기업의 이익이 감소하게 됩니다. 해외에서 수입하는 원자재가 3달러라면 환율이 1천 원일 때 3천 원의 비용만 지불하면 원자재를 매입할 수 있지만 환율이 상승해 1,200원이 되었다면 원자재를 매입하는 데 들어가는 비용이 상승해 실질적인 구매 비용은 3,600원이 될 겁니다. 따라서 원자재 수입 비중이 높은 기업은 환율이 상승함에 따라 원가의 부담도 증가해 기업의 실적에 악영향을 미치게 됩니다. 대표적인 업종으로는 수입 비중이 높은 각종 곡물과 철광석, 석탄 등을 원자재로 쓰는 식품업, 철강업을 꼽을 수 있습니다.

외화부채가 많은 기업들도 환율이 상승하는 것을 좋아하지 않습니다. 달러로 빚을 갚아야 할 때 환율이 상승해 원화 부담이 높아지면 부채 상환에 들어가는 비용이 증가하기 때문이죠. 천문학적인 금액을 자랑하는 항공기를 토대로 경영을 이어나가는 항공 기업들은 항공기 리스 계약이 외화로 이루어지는 탓에 외화부채가 많아 환율의 상승을 반가워하지 않을 겁니다.

투자자들의 관심을 한 몸에, 기준금리가 뭐길래

잊을 만하면 나오는 기준금리 변동 이슈는 국민들과 기업들의 경제 활동에 직접적인 영향을 미치기 때문에 항상 사람들의 관심이 쏠릴 수밖에 없습니다. 여기서 말하는 기준금리란 각 나라의 중앙은행*에서 시중에 풀린 돈의 양을 조절하기 위해 국내외 경제 상황, 금융시장, 물가, 실물 경제 등을 고려해 결정하는 국가의 정책금리를 말합니다. 우

* 중앙은행: 한 국가의 금융과 통화 정책의 중심이 되는 은행이다. 한국의 중앙은행은 한국은행이며 미국의 중앙은행은 연방준비제도, 중국의 중앙은행은 중국인민은행이다.

리나라의 중앙은행인 한국은행은 돈의 유통량이 많아졌을 때 생길 현상과 돈의 유통량이 적어졌을 때 발생하는 현상 사이에서 시중에 풀린 화폐량의 적정선을 유지하기 위해 기준금리를 결정하죠.

기준금리가 필요한 이유

단순한 예로 전 국민이 10만 원씩만 가지고 있다고 생각해봅시다. 국민들은 가지고 있는 돈이 적은 탓에 취미나 문화 생활, 여행은 꿈도 못 꿀 것이며 먹고사는 일에만 급급한 생활을 이어나갈 겁니다. 영화관이나 여행사는 점점 사라질 것이고 사회적인 이슈로 확대되어 우리 삶에서 문화 생활이란 말은 점차 사라지게 될 것입니다. 하지만 시중에 풀린 돈이 많아져 1인당 1천만 원씩 가지게 된다면 전보다는 생활이 나아질 겁니다. 한 달에 두세 번 정도는 영화도 볼 수 있고, 필요에 따라 여가 생활도 즐길 수 있겠죠.

마지막으로 1인당 10억 원씩 가지고 있다고 생각해봅시다. 우리는 돈이 많으니 펑펑 쓰게 될 것이고 전반적인 물가는 자연스레 상승할 겁니다. 소비가 폭발적으로 늘어 콜라 한 캔에 1만 원을 줘야 할지도 모릅니다. 물가 상승률이 적정 수준이라면 괜찮겠지만 물가가 과도하게 상승한다면 경제시장에 큰 문제를 야기할 수도 있습니다.

이러한 이유 때문에 각 나라의 중앙은행은 국가경제시장의 안정화를 위해 주기적으로 기준금리를 결정합니다. 이렇게 결정된 금리는 국가금리의 기준이 되니 시중 은행들은 기준금리의 변동에 따라 전체적인 금융 상품의 이율을 조절하게 되죠.

시중 은행 대출 및 예금이자

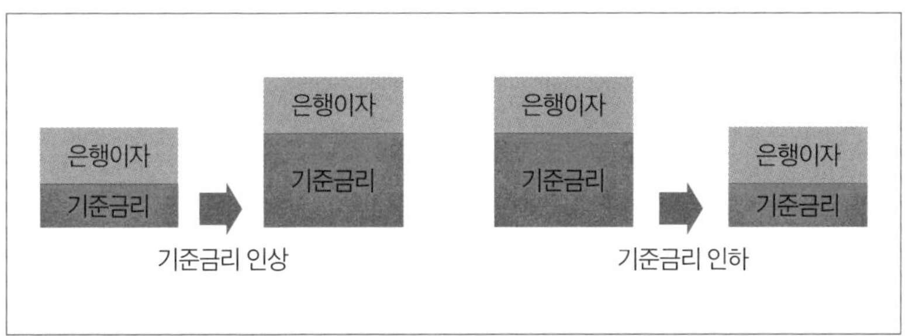

만약 기준금리가 인하된다면 은행들은 낮아진 기준금리에 본인들의 이익을 얹어 대출이자를 낮추게 되고, 기준금리가 인상된다면 높아진 금리와 함께 전체적인 이율은 상승하게 됩니다. 이것은 대출뿐만 아니라 예금에도 동일하게 적용되어 기준금리가 인상되면 국민들이 체감하는 대출이자와 예금이자는 함께 상승하며 기준금리가 인하되면 대출이자와 예금이자가 함께 하락하는 모습을 볼 수 있습니다.

기준금리는 우리에게 어떤 영향을 줄까?

농사를 지을 때는 주기적으로 비가 내려야 맛있는 곡식과 채소, 과일 등을 수확할 수 있습니다. 하지만 비가 오랫동안 오지 않으면 가뭄

이 찾아오고 비가 너무 많이 내리면 침수 피해가 발생하게 될 테니 농작물을 재배하는 농부 입장에서는 속이 타 들어갈 겁니다. 시장의 수요는 일정한데 생산량은 줄었으니 농산품의 가격은 상승할 것이고 소비자들은 예년보다 비싼 값을 주고 사야 할 겁니다. 농부의 입장에서도 소비자의 입장에서도 비가 너무 많이 내려서도 너무 적게 내려서도 안 되며 필요한 만큼만 내려야 좋겠죠.

기준금리가 우리 경제에 미치는 영향도 비슷한 맥락으로 볼 수 있습니다. 기준금리가 높으면 은행에 저금한 예금이자는 많아지지만 대출이자도 덩달아 상승하니 기업과 가계는 대출받길 꺼려할 겁니다. 결과적으로 시중에 풀린 통화량은 줄어들게 되죠. 통화량이 줄어든다는 것은 사람들이 가진 현금이 적어진다는 뜻으로 소비 심리의 악화로 이어지게 됩니다. 공급량은 전과 같은데 소비만 줄면 물가는 자연스레 하락하겠지만 이는 경기가 위축되고 있음을 보여주죠.

반대로 금리가 인하된다면 은행의 예금이자는 줄어 저금하려는 사람은 적어지고, 대출금리도 낮아지니 대출받으려는 사람은 전보다 많아지게 됩니다. 저축의 감소, 대출을 통해 보유하고 있는 돈이 많아지면 투자, 여행, 취미, 여가 등 어떠한 목적으로든 돈을 쓰려 할 테니 시장에 활력을 불어넣어 경기는 활발해지겠지만 수요가 증가함에 따라 전반적인 물가도 상승하게 되죠.

기준금리가 변하면 주식시장은 왜 요동칠까?

기준금리가 인상될 수도 있다는 소식이 들려오면 투자자들은 지레 겁을 먹고 자금을 회수하려고 해 증시가 하락하는 경우가 많습니다. 아직 기준금리 인상이 확정된 것도 아닌데 금리 인상 가능성이 제기되었다는 것만으로 증시가 하락한다는 것은 그만큼 기준금리의 변동이 주식시장에 큰 영향을 미친다는 반증이기도 합니다.

증시에 영향을 주는 기준금리

일반적으로 사람들은 변동성이 큰 주식투자보다 확정된 수익을 얻을 수 있는 은행예금을 선호하는 경향이 강합니다. 하지만 은행이자가 워낙 적은 탓에 너도나도 주식시장에 뛰어들어 성공적인 투자를 꿈꾸고는 하죠.

만약 기준금리가 인상되어 은행의 예금금리가 높아진다면 어떤 투자자들은 주식투자의 필요성을 느끼지 못하고 투자했던 자금을 회수해 은행에 맡기려고 할 겁니다. 대출이자도 상승했으니 대출금으로 투자하던 사람들은 더 이상 대출받는 것을 꺼려할 겁니다. 대출이자의 상승은 기업들의 재무에도 부담으로 작용해 경영 실적이 악화될 수 있습니다. 이 때문에 일반적으로 기준금리가 인상되면 투자자들의 자금이 이탈하게 되고 시장 전체의 하락을 불러옵니다.

반대로 기준금리가 인하된다면 사람들은 낮아진 예금이자에 이점을 느끼지 못하고 더 큰 수익을 얻기 위해 주식시장에 몰려들게 됩니다. 요즘 같은 제로금리 시대에는 주식을 도박이라 생각하던 사람마저 주식투자를 시작하고, 대출이자도 낮으니 대출까지 받아 투자하려는 사람까지 늘게 되죠. 즉 기준금리 인하는 주식시장에 자금이 유입되었음을 나타내기에 기준금리가 인하된다면 증시는 상승하는 경우가 많습니다.

여기까지만 본다면 금리 인상보다 금리 인하가 투자자들에게 더 좋은 것 같아 보이지만, 시장에 유통되는 돈의 양이 많아지면 경기과열로 인한 버블경제가 형성될 수 있다는 부작용이 있습니다. 침체된 경기를 활성화시키기 위해 기준금리를 낮춘다는 것은 효과적인 방법일 수 있으나 과할 경우 기업이나 부동산이 가진 실제 가치에 거품이 껴 투자가 아닌 투기 효과를 불러올 수 있죠. 거품이 낀 자산의 가치는 급락하기 마련이고 투자자들의 자금 손실은 물론, 기업들의 존폐에도 심각한 영향을 미칠 수 있습니다.

금리 인상과 주가의 상관관계

금리가 인상되면 기업의 주가는 항상 하락할까요? 꼭 그런 것은 아닙니다. 금리가 인상되면 증시에서 투자자들의 자금이 빠져나가 기업들의 주가가 하락하지만 금리 인상 소식에 수혜를 받는 기업도 있습니다. 대표적인 산업으로는 금융업이 있죠.

기준금리가 인상된다면 은행 실적의 핵심이라 할 수 있는 순이자마진(NIM)*이 확대됩니다. 은행들은 고객이 예금한 돈을 대출 상품으로 발행해 수익을 창출하니 예금금리와 대출금리의 차이를 굉장히 중요하게 여길 수밖에 없습니다. 예금금리가 2.0%이고 대출금리가 3.5%

* 순이자마진(NIM: Net Interest Margin): 금융 기관의 자산 단위당 이익률로 금융 기관의 대표적인 수익성 지표다.

라면 대출금리에서 예금금리를 뺀 1.5%의 예대마진*이 은행의 주요 수익성 지표라 할 수 있습니다. 만약 기준금리가 인상되어 예금금리가 상승한다면 사람들은 은행에 돈을 맡기려 할 테니 은행이 운용할 수 있는 자금은 확대될 것이고, 대출금리는 빠르게 오르는 반면 예금금리는 천천히 상승해 단기간 예대마진이 확대되어 기업의 이익이 증가하는 효과를 기대할 수 있습니다. 이 때문에 기준금리의 인상은 금융업에 수혜로 인식됩니다.

금리 인상과 주가		
대출금리	예금금리	예대마진
3.5%	2.0%	1.5%
예대마진 = 대출금리 - 예금금리		

하지만 반대로 기준금리가 인하되면 은행의 실적은 하락할 수밖에 없습니다. 기준금리를 1.5% 인하하면 대출금리도 3.5%에서 2.0%로 인하, 예금금리도 2.0%에서 0.5%로 인하하는 것이 정상입니다. 하지만 은행들이 고객에게 대출을 해주기 위해서는 보유 자금, 즉 고객들의 예금이 많아야 하는데 0.5%라는 낮은 예금이자 때문에 사람들은

* 예대마진: 대출금리에서 예금금리를 뺀 예대금리차

은행에 돈을 맡기려 하지 않을 겁니다. 차라리 주식, 부동산, 금, 채권에 투자하려 하겠죠.

은행의 입장에서는 사람들이 돈을 맡겨야만 그 돈으로 대출 상품을 발행해 수익을 창출할 수 있는데 사람들이 저금하지 않으면 어쩔 수 없이 예금금리를 인상시킬 수밖에 없습니다. 예금금리가 0.7%가 될 수도 있고 1.0%가 될 수도 있으나 결국 예대마진이 축소되는 결과를 만들고 은행의 순이자마진이 줄어들어 기업의 실적에는 악영향을 미칠 수밖에 없습니다. 이 때문에 기준금리가 인상되면 다른 주식과 달리 금융업은 수혜를 받기도 하지만 반대로 금리 인하 소식에 피해를 입는 산업 역시 금융업인 것이죠.

회사가 주식을 소각한다면 호재일까, 악재일까?

주식투자를 시작한 지 얼마 되지 않은 친구가 저에게 "내가 투자한 기업이 자사주*를 소각한다는데 주식을 소각해버리면 내 주식은 어떻게 돼? 주식을 없애는 것이니 악재 아니야?"라고 물어본 적이 있습니다. 초보투자자라면 누구나 이런 궁금증을 가질 수 있습니다. '소각한다'는 말이 좋은 의미로 들리지 않을 테고 멀쩡히 상장된 주식을 없애

* 자사주: 회사가 보유하고 있는 자기 회사 주식

버린다면 보유하고 있는 주식의 가치에 어떤 영향을 미칠지, 훼손되는 것은 아닌지 걱정되는 건 지극히 자연스러운 생각이죠. 결론부터 말하자면 자사주 소각은 통상적으로 주가에 호재로 인식되는 경우가 많습니다. 우리가 보유하고 있는 주식의 가치가 훼손되는 것이 아니라 오히려 상승하기 때문이죠.

주주 환원 정책 중 하나인 자사주 소각

기업들이 영업활동을 열심히 해 많은 이익을 창출하면 주주들에게 배당을 지급하는 등 다양한 환원 정책을 펼치곤 합니다. 주주 환원 정책에는 앞서 말한 배당 지급과 같이 다양한 방법들이 존재하는데, 자사주 소각도 주주 환원 정책 중 하나입니다. 자사주 소각은 회사가 보유하고 있는 자사의 주식을 소각해 주당 가치를 높이는 행위입니다. 간단한 예를 들어 주식의 소각이 어떻게 주식가치 상승으로 이어지는지 알아봅시다.

주식회사 DY텔레콤은 3만 주의 주식을 발행했고 미래 예상 이익이 6만 원이라 가정한다면 1주가 가지는 이익 가치는 2원이 될 것입니다. 이후 DY텔레콤에서 자사주 1만 주를 소각했다면 발행 주식 수량은 3만 주에서 2만 주로 바뀌게 되지만 주식의 수량이 줄어들었다고 해서 기업의 예상이익이 줄어드는 것은 아닙니다. 기업은 주식 수량의 변동과 관계없이 똑같은 영업활동을 통해 수익을 창출할 테니까요. 즉 예상이익은 자사주 소각 전과 동일하지만 발행한 주식 수량만 줄어들어 1주가 가지는 이익가치는 3원으로 상승하게 됩니다. 이 때문에 특정 기업에서 자사주를 소각하겠다는 기사가 발표되면 시장은 이를 호재로 받아들여 실질적인 자사주 소각 전부터 주가가 상승하게 됩니다.

DY텔레콤의 자사주 소각과 주식가치				
발행 주식 수량	3만 주	➡	발행 주식 수량	2만 주
미래 예상 이익	6만 원		미래 예상 이익	6만 원
1주당 가치	2원		1주당 가치	3원
※ 자사주 소각(1만 주)				

자사주 소각의 다른 목적은 없을까?

현재는 주주 환원 정책으로 자사주 소각을 결정하지만 과거에는 경영권 세습이나 기업 지배권을 강화하기 위해 자사주를 소각하는 경우도 많았습니다. 기업이 자사주를 소각하면 1주가 가지는 지분율은 상승하는 원리를 이용한 것이었죠. 이름만 들으면 알 만한 대기업부터 중소기업까지 기업의 규모와 관계없이 특정인의 지분율을 상승시키기 위해 자사주를 소각하고는 했습니다. 이번에도 간단한 예를 들어 자사주를 소각하게 되면 지분율이 어떻게 변화하는지 알아봅시다.

주식회사 DY텔레콤은 1만 주의 주식을 발행했고 A투자자는 DY

텔레콤의 주식 3천 주를 보유하고 있습니다. 따라서 A가 가지는 지분율은 30%가 됩니다. 이 같은 상황에서 DY텔레콤이 4천 주의 자사주를 소각한다면 발행 주식 수량은 1만 주에서 6천 주로 줄어들겠지만, A가 보유한 주식은 자사주의 개념이 아닌 순전히 A가 가진 자산이기 때문에 3천 주의 수량에는 변함이 없습니다. 결국 주식을 소각하기 전 A의 지분율은 30%였지만 자사주 소각 이후 A의 지분율은 50%로 상승하게 됩니다. 여기서 A는 기업의 오너 본인이나 혈족 관계에 있는 경영 후계자, 특수 관계인 그 누구도 될 수 있습니다.

DY텔레콤의 자사주 소각과 지분율				
발행 주식 수량	1만 주	➡	발행 주식 수량	6천 주
A의 주식 수량	3천 주		A의 주식 수량	3천 주
A의 지분율	30%		A의 지분율	50%
※ 자사주 소각(4천 주)				

기업이 자사주를 소각하면 해당 회사의 주식을 소유한 주주들의 지분가치는 모두 상승하게 되죠. 이 같은 일은 지금도 벌어지고 있지만 애당초 불법이라고 단정지을 수 없기 때문에 법의 잣대로 이러한 행위를 규탄하는 데는 한계가 있습니다. 하지만 무분별한 소각에 따른 경영 세습, 불투명한 경영이 사회적 문제로 확대되며 현재는 많이 줄어든 상황입니다.

주식이 상장폐지된다면 어떻게 해야 할까?

누군가 저에게 "주식투자에서 가장 무섭고 피하고 싶은 상황이 무엇인가요?"라고 묻는다면 저는 당연히 상장폐지라고 할 것입니다. 비단 저뿐만 아니라 대부분의 투자자들이 가장 무서워하는 상황이 아닐까요? 우리가 가진 주식이 상장폐지된다는 건 기업의 상장 자격이 박탈되어 주식시장에서 퇴출되는 것을 의미합니다. '내가 샀던 주식이 휴지 조각이 되었다'라는 것은 상장폐지를 두고 하는 말이죠.

요즘은 옛날과 다르게 정보의 질, 범위, 접근성이 좋아져 상장폐지가 상관없는 일이라 생각할 수 있지만 사실 상장폐지는 여전히 흔하게 일어날 수 있는 일입니다. 특히 펀더멘털이 약한 중소형주나 수년째 적자인 기업에 투자하고 있는 분들이라면 이 같은 위험에 더욱 노출되어 있죠. 투자한 기업이 끝내 상장폐지 절차를 밟게 되었다면 투자자가 할 수 있는 선택지에는 어떤 것이 있을까요?

정리매매로 소액이라도 건질 수 있다

거래소에서 특정 기업의 상장 적격성이 부적합하다고 판단해 상장폐지를 결정했습니다. 그렇게 우리가 투자한 기업이 주식시장에서 하루 아침에 사라진다면 투자자들은 휴지 조각이 되어버린 주식을 보면서 눈 뜨고 코 베인 듯한 기분을 느낄 겁니다. 그렇기 때문에 거래소는 상장폐지가 결정된 종목을 보유한 투자자들에게 마지막으로 매매할 수 있는 기회를 제공해줍니다. 이것을 정리매매 기간이라고 부릅니다.

정리매매 기간에는 일반적인 주식거래와 달리 상·하한가의 제한이 없어집니다. 분명 어제까지만 해도 1천 원이던 주식이 오늘은 80%가 하락한 200원이 될 수도 있고 90%가 하락한 100원이 될 수도 있습니다. 이처럼 정리매매 기간에는 통상적으로 주식이 헐값에 거래되지만 어쩔 수 없습니다. 이미 상장폐지가 결정되고 정리매매가 시작되었다는 것은 조만간 해당 종목이 시장에서 퇴출된다는 것을 의미하는데 시장에서 곧 사라질 주식을 비싼 값 주고 매수하려는 투자자는 없을 테니까요.

따라서 투자금의 일부라도 회수하고 싶다면 정리매매 기간을 이용해 주식을 처분해야 합니다. 그나마 소액의 자금이라도 건질 수 있는 마지막 기회라고 생각해도 좋습니다. 정리매매는 실시간 호가 체결이 아닌 30분 간격의 단일가매매 방식으로 이루어집니다.

장외시장을 이용하라

정리매매 기간에 주식을 매도하지 못했더라도 회사가 없어지지 않는 한 내가 소유한 주권이 소멸된 것은 아닙니다. 여전히 회사에 대한 소유권을 주장할 수 있고 이를 증명할 수 있는 주식을 보유하고 있습니다. 이러한 상황에서 투자자는 재상장을 노려볼 수도 있습니다. 기업의 상장폐지가 확정되어 시장에서 퇴출되었다 하더라도 상장 요건을 충족한다면 언제라도 다시 상장할 수 있습니다. 하지만 이 같은 사례는 굉장히 드물기 때문에 현실적으로 재상장을 기대하고 계속해서 보유하는 것은 어리석은 행동이니 우리는 다른 방법도 고려해봐야 할 것입니다.

비상장 주식을 거래할 수 있는 장외시장에서는 내가 소유한 주식을 타인과 직접적으로 거래할 수 있습니다. 현재 국내에서 비상장 주식을 거래할 수 있는 곳으로는 금융투자협회가 운영하고 있는 K-OTC가 있으며 이외에도 다양한 플랫폼이 존재하니 상장폐지 종목을 장외시장을 통해 매매하는 것도 한 방법입니다.

상장폐지를 피할 수 있는 방법

주식뿐만 아니라 모든 투자활동에서 리스크를 최소화하는 행위는 매우 중요합니다. 상장폐지의 위험을 피할 수만 있다면 미리 피하는 것이 리스크를 최소화하는 행위라고 할 수 있죠. 그렇다면 상장폐지의 위험은 어떻게 알 수 있을까요?

시장에 상장된 기업들은 부도, 주식분산기준 미달, 자본잠식, 불투명한 경영, 감사 의견 거절, 적자 지속 등 다양한 요인으로 인해 상장폐지의 위기에 노출됩니다. 이 때문에 한국거래소는 시장의 건전성 향상과 투자자들의 자금 보호를 위해 투자에 주의를 요하는 기업을 사전에 참고할 수 있는 제도적 장치를 마련했습니다. 또 상장 기업들의 적격성에 문제가 발생하면 '관리 종목' 또는 '투자 주의 환기 종목'으로 지정합니다. 만약 관심 있던 주식이 관리 종목으로 지정되었다면 투자할 생각은 접는 것이 좋습니다. 지정된 사유가 해소된다면 모를까 지정 사유가 추가로 발생하면 상장폐지로 이어질 가능성이 높으니까요.

계좌 잔고가 다르다면 세금을 확인하라

주식거래 수수료 무료라는 말에 주식계좌를 개설하고 주식을 거래했지만 막상 주식을 매도하고 나면 매도 금액과 계좌 잔고가 달라서 적잖이 놀랐던 일이 있을 겁니다. 우리는 분명 주식거래 수수료가 무료라고 들었는데 말이죠.

주식을 거래할 때는 증권사의 수수료뿐만 아니라 거래에 따른 세금까지 신경 써야 합니다. 먼저 국내 주식에 부과되는 세금은 크게 세 가지로 증권거래세, 배당소득세, 양도소득세로 구분할 수 있습니다. 이 중 양도소득세는 기업에 대한 지분 1% 이상을 보유하고 있거나 10억 원 이상의 개별 종목을 가지고 있는 대주주에게만 부과되는 세금이라 대부분의 개인투자자들은 증권거래세와 배당소득세만 알아두어도 충분합니다.

주식 매도 시 납부하는 증권거래세

증권거래세는 말 그대로 증권을 거래할 때 납부하는 세금으로 보유하고 있던 주식을 매도할 경우 부과됩니다.

증권거래세율			
구분	증권거래세	농특세	부담세율
코스피	0.08%	0.15%	0.23%
코스닥	0.23%	해당 없음	0.23%
코넥스	0.1%		0.1%
장외주식	0.43%		0.43%

2021년 기준 코스피의 증권거래세율은 0.08%이며 농특세 0.15%가 추가되어 합산 세율 0.23%가 부과됩니다. 코스닥은 기본 증권거래세율 0.23%에 농특세가 면제되기 때문에 코스피와 코스닥 모두 투자자가 부담해야 하는 실질적인 세율은 0.23%입니다. 우리가 특정 주식을 시장에 매도할 때 매도금액이 100만 원이라면 2,300원의 세금을 내는 것이고 매도금액이 1천만 원이라면 2만 3천 원의 세금을 내는

셈이죠.

증권거래세는 투자수익, 손실과 관계없이 보유한 주식을 매도할 때 무조건 내야 합니다. 따라서 똑같은 투자금이라도 거래 횟수가 많을수록 세금을 많이 부과하게 되죠. 장기투자자들은 비교적 적은 세금을 납부해 부담이 없지만 거래 회전율이 높은 단기투자자들에게는 0.23%라는 낮은 세율도 거래 횟수가 누적될수록 부담이 클 수밖에 없습니다. 증권거래세는 주식 매도 금액에서 원천징수되기 때문에 별도의 세금 신고를 할 필요는 없습니다.

배당금에 붙는 배당소득세

기업이 일정 기간 동안 영업활동을 열심히 해 돈을 많이 벌었다면 벌어들인 이익으로 직원들에게 급여를 지급하고 세금을 납부하며 각종 비용을 처리합니다. 그리고 남은 이익의 일부를 주주들에게 나누어 주는데 이것이 바로 배당금이죠. 이 배당금에도 세금이 부과된다는 사실을 알고 계신가요?

배당소득세율		
소득세	주민세	부담세율
14%	1.4%	15.4%

주식투자를 통해 배당금을 받았다면 배당소득세를 납부해야 합니다. 국내 주식의 경우 소득세 14%와 주민세 1.4%를 합산해 15.4%의 배당소득세를 납부하게 되며, 증권거래세와 동일하게 배당금이 지급될 때 세금이 원천징수되기 때문에 별도의 세금 신고를 할 필요는 없습니다. 우리가 받을 배당금이 100만 원이라면 15만 4천 원의 세금이 공제된 84만 6천 원의 배당금이 주식계좌로 입금됩니다.

만약 배당 소득이 2천만 원을 초과한다면 초과한 소득의 규모에 따라 6~42%의 추가 세율이 적용되어 별도의 세금 신고를 해야 합니다. 하지만 4%라는 높은 배당률을 가진 기업이라도 2천만 원 이상의 배당 소득이 발생하려면 최소 5억 원 이상의 주식을 보유하고 있어야 하니 연간 배당 소득이 적은 투자자라면 복잡한 세율에 대해 애써 알아둘 필요는 없습니다. 그저 '배당 소득이 2천만 원을 초과하면 별도의 세금 신고를 해야 하는구나.' 정도만 알고 있어도 충분합니다.

미국 주식의 세금은 어떻게 될까?

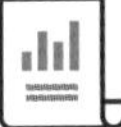

코로나19 이후 '동학 개미'라는 말이 생겨날 만큼 국내 주식시장의 열기는 뜨거워졌습니다. 많은 투자자들이 유입되며 식을 줄 모르던 국내 주식시장의 인기가 해외 시장까지 전파되었죠. 애플이 전 세계 시가총액 1위를 달성하고, 친환경 에너지가 주목받기 시작하자 테슬라가 시가총액 기준 전 세계 자동차 1위 기업으로 올라서는 모습을 보며 사람들은 미국 시장에도 발을 들였습니다.

해외 주식을 한다면 세금과 증권사의 거래 및 환전 수수료에 신경이 쓰일 수밖에 없습니다. 수수료는 증권사마다 차이가 있으니 저렴한 증권사를 이용하면 그만이지만 세금의 경우는 증권사와 관계없이 해당 국가의 세법에 따라 정해진 금액을 납부해야 하니 미국 주식을 거래하는 투자자라면 미국의 증권 거래 세금을 알아야 합니다.

미국 주식거래 시 알아야 할 세금 상식

미국 주식의 세금은 한국과 다른 점이 많습니다. 주식을 매도할 때 발생하는 증권거래세부터 시작해 양도소득세, 배당소득세도 국내 세금과는 확연한 차이가 있습니다.

미국의 배당소득세율은 15%로 미국에서 15%의 세금이 원천징수된 후 주식계좌로 배당금이 지급됩니다. 만약 우리가 받는 배당금이 100달러라면 배당금 지급일에 15달러의 세금이 공제된 후 85달러가 들어오게 됩니다. 국내 증권사들은 해외 주식배당금에 대해 수수료를 부과하지 않기 때문에 해외 주식을 보유하고 있는 투자자들이 최종적으로 부담해야 할 배당소득세율은 15%입니다.

또 코스피와 코스닥의 증권거래세율은 0.23%지만 미국의 증권거래세율은 0.00051%로 굉장히 낮습니다. 1억 원어치 주식을 매도했을 때 발생하는 세금은 고작 510원에 불과하죠. 코스피 상장 주식을 1억 원어치 매도했을 때 발생하는 세금이 23만 원인 것과 비교하면 그 격차는 더욱 크게 느껴집니다. 이 때문에 장기투자자나 단기투자자의 실질적인 세금에 큰 차이가 없어 미국 시장은 단기투자자들의 파라다이스라고도 불립니다. 하지만 양도소득세의 적용 범위는 비교적 넓습니다. 국내 양도소득세는 해당 기업의 대주주에게만 적용되는 세금이기 때문에 대부분의 투자자들에게는 적용되지 않지만, 미국은 250만 원을 초과한 투자수익에 대해 22%의 양도소득세를 부과합니다.

수익에만 부과되는 미국 주식 양도소득세

미국 주식의 양도소득세는 보유하고 있던 주식을 매도해 확정된 수익에 대해 부과하는 세금입니다. 투자수익에 대해서만 부과하기 때문에 투자손실이 발생했을 경우에는 양도소득세가 부과되지 않습니다.

미국 주식 양도소득세 계산			
투자수익	공제 금액	양도소득세율	세금
550만 원	250만 원	22%	66만 원
750만 원			110만 원
양도소득세 = (투자수익 - 공제 금액) × 0.22			

우리가 1월 1일부터 12월 31일까지 해외 주식에 투자해 550만 원의 수익을 실현했다면 250만 원을 초과한 300만 원에 대해 66만 원(22%)의 세금을 납부해야 합니다. 만약 750만 원의 수익을 실현했다면 250만 원을 초과한 500만 원에 대해 110만 원(22%)의 세금을 납부해야 하는 것이죠. 보유한 주식의 가치가 상승해 수익이 발생했음에도

주식을 매도하지 않고 보유하고 있다면 수익을 확정 지은 것이 아니기에 세금은 부과되지 않습니다.

또한 원천징수되는 배당소득세와 달리 양도소득세는 발생한 세금에 대해 별도의 세금 신고를 해야 합니다. 해외 주식 양도소득세의 납부 기한은 매년 5월 1일부터 5월 31일까지이며 증권사의 신고대행 서비스를 이용하거나 국세청 홈택스를 통해 직접 세금 신고를 할 수 있습니다. 하지만 절차가 까다롭고 복잡한 탓에 많은 투자자가 증권사의 신고대행 서비스를 이용합니다.

양도소득세를 절세할 방법은 없을까?

양도소득세는 연간 250만 원까지의 시세차익에 대해서는 세금이 공제되기 때문에 주식을 장기간 보유하려는 투자자들은 이 점을 활용해 세금 부담을 덜 수 있습니다. 예를 들어 마이크로소프트나 코카콜라 주식을 보유한 투자자의 주식가치가 상승해 1천만 원의 수익이 발생했다면 12월 31일 이전에 투자수익 250만 원까지만 매도해 이익을 실현하고 해가 바뀐 후 다시 매수하는 방법을 통해 세금을 절세할 수 있습니다. 이는 공제 금액 한도가 250만 원이라는 점을 이용해 세금을 절세하는 방법으로 단기간 시세 변동에 따른 리스크와 증권거래 수수료라는 부담이 존재하긴 하지만 22%나 되는 양도소득세율을 고려하면 충분히 활용 가치가 있는 절세 방법입니다.

네 마녀의 날을 조심하라던데 (Quadruple Witching Day)

주식시장에는 심술을 부리는 4명의 마녀들이 있습니다. 보통 마녀들은 1년 동안 시장에 여러 번 나타나지만 4명의 마녀가 한날한시에 들이닥치는 날도 있죠. 이를 '네 마녀의 날'이라고 합니다. 언뜻 보면 귀엽고 재미있는 이야기가 숨어있는 듯 해도 사실 네 마녀의 날은 꽤나 복잡하고 어려운 파생 상품 거래(선물거래, 옵션거래)에서 나온 이야기입니다.

미래의 물건을 사는 선물거래의 이해

현재의 금 시세가 1g당 7만 원이라고 가정해봅시다. A라는 투자자는 금 시세가 오를 것 같아 현재의 가격으로 미래의 물건을 사는 선물거래를 원합니다. 만기일이 다가왔을 때 투자자의 예상대로 금 시세가 상승했다면 상승한 만큼의 시세차익을 얻을 수 있을 테니까요. 반대로 B라는 투자자는 금 시세가 하락할 것이라고 생각해 A투자자와 B투자자는 매매 계약을 체결합니다. A투자자는 금 시세가 오를 것이라 예상했으니 7만 원에 매수 계약을, B투자자는 금 시세가 하락할 것이라 예상했으니 동일한 가격에 매도 계약을 체결하게 되죠. 시간이 지나 거래 만기일이 다가왔을 때 A투자자의 예상대로 금 시세가 9만 원까지 올랐다면 매수 계약을 체결했던 A투자자는 2만 원의 시세차익을 보지만 매도 계약을 체결했던 B투자자는 2만 원의 손실을 보게 됩니다.

이렇듯 선물거래는 미래의 상품 가격이 오를지 내릴지 예상해 투자하는 거래 방식으로 계약한 물건을 인수 및 인도해야 하는 만기일이 존재합니다. 국내 증시 기준 선물거래 만기일은 3월, 6월, 9월, 12월 둘째 주 목요일입니다.

2022년 선물 만기일			
3월 10일	6월 9일	9월 8일	12월 8일

매매를 선택하는 옵션거래의 이해

우리는 자동차를 살 때 다양한 옵션을 넣을 수 있습니다. 내가 원한다면 선루프나 후방 카메라를 장착할 수도 있고 열선 시트나 통풍 시트, 하이패스도 선택할 수 있죠. 이처럼 우리 머릿속에 자리하고 있는 옵션의 의미는 특정 대상물을 선택할 수 있는 권리인데 파생 상품에서 말하는 옵션도 이와 비슷한 개념으로 이해할 수 있습니다.

특정 상품을 미리 정해놓은 가격대로 미래에 거래하는 것을 선물거래라고 한다면 특정 상품을 미래 시점에 사거나 사지 않을 권리, 팔거나 팔지 않을 권리를 옵션이라 부릅니다. 말 그대로 매매를 선택할 수 있는 권리인 것이죠. 이 권리를 거래하는 것을 옵션거래라고 합니다. 선물거래는 만기일이 다가왔을 때 계약을 이행해야 한다는 강제성이 존재하지만, 옵션은 매매 선택권에 대한 권리기 때문에 만기일이 와도 정해진 계약을 이행하지 않아도 됩니다.

옵션은 살 수 있는 권리인 '콜옵션'과 팔 수 있는 권리인 '풋옵션'으로 나눌 수 있습니다. 이해를 돕기 위해 현재 코스피200지수가 400포인트라고 가정해봅시다. A라는 투자자는 미래의 코스피200지수가 지금보다 오를 것이라고 예상하지만 혹시 떨어질 수도 있다는 불안감을 떨칠 수가 없어 콜옵션을 매수했습니다. 시간이 흘러 옵션 만기일이 다가왔을 때 코스피200지수가 350포인트까지 떨어졌다면 A투자자는 당연히 계약을 이행하지 않으려 할 겁니다. 지금 거래하면 400포인트의 가격으로 350포인트의 가격만큼 사는 셈이니 구태여 손해를 보며 살 필요가 없으니까요. 하지만 반대로 코스피200지수가 450포인트까지 상승했다면 순순히 계약을 이행하려 할 겁니다. 현재 코스피지수는 450포인트이지만 A투자자는 400포인트의 가격대로 살 수 있는 권리를 지니고 있고 이 권리를 이행한다면 50포인트에 해당하는 시세차익을 얻을 수 있기 때문이죠.

이렇게만 보면 선물거래보다 안전한 것이 옵션거래인 것처럼 보이지만 콜옵션과 풋옵션은 계약 이행에 대한 매매 선택권을 가지는 만큼 옵션을 계약할 때 일종의 계약금(프리미엄)을 지불해야 합니다. 프리미엄의 가격은 상품마다 다르지만 매매의 이행과 관계없이 지불해야 하는 금액이기에 매매를 이행하지 않는다 해도 프리미엄의 가격만큼 손실이 발생하게 됩니다.

옵션도 선물과 마찬가지로 주가지수 옵션, 개별주식 옵션이 있으며 만기일은 선물의 만기일보다 횟수가 많습니다. 선물의 만기일이 3월, 6월, 9월, 12월 둘째 주 목요일로 1년간 총 4번 있었다면 옵션의 만기일은 매월 둘째 주 목요일로 1년간 총 12번의 만기일이 존재합니다.

2022년 옵션 만기일			
1월 13일	2월 10일	3월 10일	4월 14일
5월 12일	6월 9일	7월 14일	8월 11일
9월 8일	10월 13일	11월 10일	12월 8일

'네 마녀의 날'을 조심해야 하는 이유

주식시장에서 말하는 '네 마녀'란 파생 상품인 주가지수 선물, 개별주식 선물, 주가지수 옵션, 개별주식 옵션을 부르는 말입니다. 그리고 이들의 만기일이 모두 겹치는 선물옵션 만기일을 '네 마녀의 날'이라고 하죠.

통상적으로 파생 상품의 만기일에는 대규모 매물이 시장에 쏟아져 나옵니다. 차익을 실현하기 위한 투자자들의 매물과 차익을 실현하지 못한 매물의 구분 없이 엄청난 양의 매물이 시장에 쏟아져 나오기 때문에 선물옵션시장이 크게 요동치고 이러한 현상은 증시 전체에 영향을 미치게 됩니다. 증시가 급등할 수도 있고 급락할 수도 있죠. 물론 우리의 예상과 다르게 조용히 지나갈 수도 있습니다. 이처럼 선물과 옵션의 만기일이 겹치는 네 마녀의 날에는 마녀들이 빗자루를 타고 자유분방하게 돌아다니는 것과 같이 증시의 변동성이 확대되고 주가가 어디로 튈지 모르기 때문에 투자할 때 조금 더 주의를 기울일 필요가 있습니다.

2022년 선물옵션 만기일 네 마녀의 날			
3월 10일	6월 9일	9월 8일	12월 8일

포스트 코로나 시대에 떠오르는 산업은 무엇일까?

20세기 초반 대공황, 20세기 후반 닷컴 버블과 동아시아 외환위기, 21세기 초반의 글로벌 금융위기 등 경제 역사에 있어 굵직한 사건들은 하나의 변곡점이 되어 우리의 생활을 바꾸었습니다.

코로나19 역시 마찬가지입니다. 코로나19가 우리의 일상에 충격을 준 지도 제법 많은 시간이 지났는데, 아마 지금이 현대사에 있어 가장 빠르게 변화하고 있는 시기가 아닐까 싶습니다. 코로나19는 눈으로 보이는 결과물을 추구하던 생산 중심의 건설, 석유 화학, 제조 산업에서 IT, 플랫폼, 친환경 에너지 중심의 산업이 주목받게 했습니다. 또 여행, 관광, 영화 중심의 소비 트렌드는 비대면, 건강, OTT(Over The Top,

온라인 영상 서비스)로 넘어가면서 소비시장의 변화를 만들어냈습니다. 코로나19로 인한 변화는 미래에도 영향을 미칠 수 있기에 투자자라면 앞으로 주목받을 산업에 관심을 가질 필요가 있습니다.

무병장수를 향한 인류의 꿈 - 바이오

춘추전국시대의 마침표를 찍으며 고대 중국을 최초로 통일한 인물이자 처음으로 황제라는 칭호를 사용해 천하를 호령했던 진나라의 초대 황제가 있습니다. 바로 진시황이죠. 진시황이 죽음을 두려워한 나머지 불로불사에 집착했다는 일화는 너무나 유명합니다. 사람들은 진시황이 헛된 꿈을 꾼다며 손가락질했지만 사실 불로불사에 대한 꿈은 진시황만이 꾼 것은 아닙니다.

현대판 불로불사, 무병장수 산업이라 불리는 바이오 산업은 인류의 수명 연장, 소득의 증대, 기술의 개발, 건강에 대한 관심 확대 등 다양한 요인으로 인해 지속적으로 투자자들의 관심을 받던 산업입니다. 의약·바이오 산업은 생명이나 건강에 직접적인 관련이 있는, 질병을 치료하거나 예방하기 위해 소비되는 산업으로 정부 차원에서 주도하는 산업이기도 합니다.

코로나19는 전 세계 경제시장을 아수라장으로 몰아 넣으며 사람들의 인식에도 지대한 영향을 미쳤습니다. 코로나19가 장기화되면서 사람들은 건강 관리와 인체 면역에 대해 다시 한번 경각심을 가졌고 이는 곧 산업의 발전과 투자자들의 관심, 국가 차원 개발의 확대로 이어졌습니다. 그렇기 때문에 코로나19가 극심했던 2020년 초반에는 전반적인 산업이 모두 역성장을 기록했음에도 불구하고 의약·바이오시장은 뛰어난 성장세를 보여주었죠.

코로나19가 종식된다고 하더라도 인류가 무병장수·불로장생의 꿈을 가지고 있는 한 의약·바이오시장은 꾸준히 성장할 수밖에 없는 전도유망한 산업 중 하나입니다.

비대면 산업에 주목하라 - IT·플랫폼

코로나19의 확산으로 우리 생활의 가장 큰 변화를 꼽으라면 사회적 거리두기로 인한 재택 근무, 원격 수업의 증가로 인한 실내 생활의 확대를 말할 수 있을 겁니다. 실내에서 생활하는 시간이 늘자 인터넷 사용량은 증가했고 넷플릭스, 유튜브, 온라인 쇼핑과 게임 등 디지털 기반 IT 서비스에 대한 수요가 늘면서 업계에 훈풍을 몰고 왔습니다. IT 서비스의 수요가 증가하자 스마트TV, 모바일기기, 태블릿PC, 노트북 등 전자 제품에 대한 수요도 덩달아 증가했죠. 이것은 곧 일상생활의 변화가 IT 산업의 성장성을 재평가하는 계기였다고도 할 수 있습니다.

이처럼 코로나19와 함께 비대면 서비스와 관련된 디지털 산업이 각광받고 있으며 소비시장이 변화함에 따라 플랫폼 사업을 영위하는 기업들이 투자자들의 관심을 받고 있습니다. IT 거대 공룡이라 평가받던 카카오의 주가는 코로나19 이후 수배 이상 올랐고, 쿠팡의 2020년 매출액은 7조 원을 돌파하며 전년 대비 60% 이상 증가하기도 했죠. 그뿐만 아니라 배달 앱, 포털 사이트 등 다양한 플랫폼 산업도 주목받고 있습니다. 이처럼 코로나19로 외부활동이 제한되고 실내에서 생활하는 시간이 늘어남에 따라 디지털 기반의 IT·플랫폼 산업의 성장은 더욱 가속화되고 있는 상황입니다.

기후 변화가 뜬다 - 친환경 에너지 

많은 국가들이 기후 변화에 주목하자 산업의 동향은 빠르게 변하고 있습니다. 경제 주요국들을 시작으로 세계 최대 탄소 배출 국가인 중국마저 탈탄소, 친환경 재생 에너지 산업에 집중하고 있죠. 각국의 행보를 살펴보면 미국은 친환경 정책을 내세운 조 바이든 정부가 출범하며 파리기후협정에 다시 가입했고 2050년까지 온실가스 배출량을 제로로 만들겠다는 목표를 밝혔습니다. EU 역시 2050년까지 세계 최초로 탄소중립을 이루어내겠다는 비전을 제시하며 1조 유로 이상을 투자하겠다고 밝힌 바 있죠.

세계 최대의 탄소 배출국이었던 중국은 탄소 배출과 환경 문제에 대해 구체적인 대안을 마련하라는 국제사회의 비난과 요구가 빗발치자 2060년까지 탄소중립 선언*을 발표하는 등 현재 전 세계는 친환경 재생 에너지 산업에 주목하고 있습니다. 대한민국도 정부의 그린뉴딜 정책† 아래 전기차, 수소에너지, 태양광, 풍력 발전 등 다양한 친환경 에너지 시장이 확대되고 있는 추세입니다.

각국의 기후 변화 대응은 석탄, 원자력을 이용한 발전시장에서 풍력 에너지, 태양광 에너지 시장으로의 전환을 가속화했고 내연 기관 자동차에서 전기, 수소를 활용한 친환경 이동 수단으로의 변화를 만들어내며 관련 업계의 성장을 주도했습니다. 대표적인 예로 전기차를 생산하는 테슬라는 2020년 1월까지만 하더라도 100조 원의 덩치를 가진 기업이었지만 코로나19 이후 내연 기관 자동차를 대체할 전기차에 대한 투자자들의 관심이 높아지면서 2020년 7월에는 도요타를 제치고 글로벌 완성차 1위로 올라섰습니다. 시가총액 100조 원의 기업이 6개월 만에 250조 원까지 성장한 셈이죠. 이처럼 경제 주요국들이 친환경 재생 에너지 산업을 국가 주도 산업으로 육성하고 있는 만큼 친환경 에너지 산업은 해를 거듭할수록 가파르게 성장하고 있습니다.

---

* 탄소중립 선언: 화석 연료의 사용 등으로 배출되는 온실가스를 최대한 줄이고 불가피하게 배출되는 온실가스는 자국의 산림이나 습지로 흡수시켜 국가의 실질적 탄소 배출량을 '0'으로 만드는 것을 말한다.

† 그린뉴딜 정책: 기후 변화에 대응해 화석 에너지를 신재생 에너지로 전환하여 저탄소 경제 구조를 유도하는 정책

주식, 무엇이든 물어봐 주식시오

초판 1쇄 발행 2022년 1월 6일
초판 3쇄 발행 2022년 10월 17일

지은이 | 김근형
펴낸곳 | 원앤원북스
펴낸이 | 오운영
경영총괄 | 박종명
편집 | 최윤정 김형욱 이광민 양희준
디자인 | 윤지예 이영재
마케팅 | 문준영 이지은 박미애
등록번호 | 제2018-000146호(2018년 1월 23일)
주소 | 04091 서울시 마포구 토정로 222 한국출판콘텐츠센터 319호(신수동)
전화 | (02)719-7735 팩스 | (02)719-7736
이메일 | onobooks2018@naver.com 블로그 | blog.naver.com/onobooks2018
값 | 17,000원
ISBN 979-11-7043-275-3 03320

* 원앤원북스는 독자 여러분의 소중한 아이디어와 원고 투고를 기다리고 있습니다. 원고가 있으신 분은 onobooks2018@naver.com으로 간단한 기획의도와 개요, 연락처를 보내주세요.